INGLÉS
para
Latinos

PRIMER NIVEL

UN CAMINO HACIA LA FLUIDEZ . . .
QUINTA EDICIÓN

1

William C. Harvey, M.S.

Para Cecilia Carro y todos los latinos que tratan . . .

Una nota acerca del autor

En los últimos 30 años William C. Harvey ha enseñado inglés como segundo idioma (ESL) en escuelas públicas, en colegios, y en compañías privadas. También ha viajado por los EE.UU. ofreciendo seminarios tanto a maestros como a organizaciones profesionales. El señor Harvey posee un título de *Bachelor* en español y un postgraduado de educación *Master* en cultura bilingüe de la universidad de California State, Fullerton, donde recibió el premio del "Proyecto del Año" por su plan de estudios en inglés como segundo idioma.

William C. Harvey también es el autor de *Inglés para Niños* e *Inglés para el Lugar de Trabajo*, dos libros que enseñan inglés a la gente hispana. También él ha escrito varios libros que ayudan a las personas de habla inglesa a comunicarse con hispanos.

To access the online bonus content for this title, please go to:
https://online.barronsbooks.com/

Para acceder al contenido adicional en línea de este título, vaya a:
https://online.barronsbooks.com/

Published by Kaplan North America, LLC, d/b/a Barron's Educational Series
1515 W. Cypress Creek Road
Fort Lauderdale, FL 33309
www.barronseduc.com
ISBN: 978-1-5062-8638-9

10 9 8 7 6 5 4 3 2 1

Kaplan North America, LLC, d/b/a Barron's Educational Series print books are available at special quantity discounts to use for sales promotions, employee premiums, or educational purposes. For more information or to purchase books, please call the Simon & Schuster special sales department at 866-506-1949.

Contenido

Prefacio

Hello, friends! [jeló frens]
(¡Hola, amigos!):

Después de años de enseñar inglés en un salón de clase usando el horrible libro de gramática, finalmente me aburrí y decidí tratar algo diferente. Siendo americano y habiendo aprendido el español con amigos mejicanos que no hablaban inglés, descubrí lo que ellos necesitaban—aprender el inglés de la misma manera como yo aprendí el español. Así es como se me ocurrió juntar una serie de "caminos" cortos, prácticos y muy fáciles de seguir. Por lo tanto, este libro contiene sugerencias y secretos que te llevarán al éxito, pues mi plan de aprendizaje ha sido diseñado especialmente para personas que, como tú, no están interesadas en estudiar un idioma extranjero. **Inglés para Latinos** debe considerarse como una guía que presenta el idioma al principiante en forma sencilla y muy divertida a la vez.

Bye [bái] (Adiós), por ahora,

Bill

¡ATENCIÓN!

Fíjate en que la pronunciación del inglés está escrita en español al lado de cada nueva palabra.

El inglés es un idioma fácil de aprender

El mundo tiene muchos lenguajes, pero sin duda el inglés es uno de los más necesarios. Lo bueno es que para el latino el inglés no tiene que ser muy difícil. Yo he pasado parte de mi vida desarrollando **Inglés para Latinos** por seis razones importantes:

1. **El inglés es muy parecido al español.**

   Muchas de las palabras en el inglés están basadas en el latín, igual que sus equivalentes en español. Muchas palabras en los dos idiomas se escriben y se pronuncian casi iguales, lo que es un alivio.

2. **El inglés común no es muy complicado.**

   Las conversaciones en inglés pueden mantenerse a un nivel corto y simple. Frecuentemente, es posible comunicar mensajes más complicados con tan solo el intercambio de unas cuantas palabras. Un conocimiento básico de gramática y una pronunciación rudimentaria es todo lo que necesitas para poderte comunicar.

3. **No temas equivocarte.**

   Los americanos disfrutan ayudando a los latinos que tratan de hablar inglés. Ellos son gente de buen corazón, quienes admiran a los extranjeros que tienen un interés sincero de aprender su idioma. Así que, ¡levanta ese ánimo!

4. **El inglés no es difícil de practicar.**

   Oportunidades para escuchar y hablar el inglés te rodean, especialmente por medio de la internet. No te será difícil encontrar una persona con quien practicarlo. Pero recuerda que a veces necesitarás salir de tu mundo de español para hallarla.

5. **Saber inglés puede ser provechoso.**

   La economía norteamericana ha descubierto que comprar y vender en dos idiomas es muy buen negocio. Muchas compañías hoy en día ofrecen entrenamiento a sus empleados y una mejor paga para los que saben el inglés. Por lo tanto, ¡muévete! Aprender el inglés puede llevarte al éxito financiero.

6. **El inglés es divertido de aprender.**

   No hay nada como la emoción de hablar el inglés y ser entendido por primera vez. No tardará el momento en que te sientas atraído por la idea de poderte comunicar en un nuevo idioma. Tal vez sea porque éste te permitirá conocer, entender y ayudar a más gente, lo que te hará sentir mucho orgullo. El inglés también te puede hacer la vida más divertida. Viajar a diferentes partes donde se habla el inglés y tener más actividades con los norteamericanos va a mejorar tu vida, ya que ésta será más agradable e interesante. Hablar un segundo idioma es como tener un juguete nuevo—entonces, ¡juega con él! Y no te preocupes en mantener el interés. Una vez que comiences, no vas a querer terminar.

¿Quién lo necesita?

Inglés para Latinos, Primer Nivel no es para todo el mundo.

Para aquellos que planean viajar fuera de los Estados Unidos y necesitan un entrenamiento fuerte . . . lo siento. Y para aquellos que ya hablan el inglés y están buscando mejorar sus habilidades en la lectura y escritura . . . quiero que me disculpen. Este libro no fue escrito para personas con intenciones de estudiar. Para aprender el inglés a un nivel más avanzado, lee el libro **Inglés para Latinos, Segundo Nivel**.

Inglés para Latinos, Primer Nivel es para todos los demás.

La información que encontrarás en este libro es tan sencilla y práctica que podrás usarla casi inmediatamente. Este programa de aprendizaje ha sido simplificado y creado especialmente para ayudar a los latinos que desean comunicarse con las personas que hablan inglés. Sin embargo, este libro también servirá de guía a cualquier persona que esté aprendiendo el idioma, como orientación para el inglés que se habla en los Estados Unidos.

Antes que comiences

Te sorprenderá ver que este libro no contiene ningún tipo de hojas de trabajo, ejercicios o pruebas. En vez de eso, aquí tienes algunas sugerencias que tal vez encuentres un poco extrañas:

- **Olvídate de lo que otros te han dicho.** No existe un inglés perfecto, así que no pierdas el tiempo en tratar de encontrarlo. Este libro te dice todo lo que tú debes saber. En vez de darte una enseñanza tradicional con prácticas de pronunciación y gramática, te ofrece el camino más corto y el secreto hacia el éxito. Si tú sigues las instrucciones, aprenderás.

- **¡Escucha y pon interés!** Para aprender de la manera en que los niños aprenden un lenguaje, lo mejor es absorber todo el inglés que puedas desde el principio. Escucha a personas que hablan un inglés fluido. Muy pronto, y sin darte cuenta, estarás usando palabras nuevas en tus conversaciones. Con confianza y sin miedo, usa las frases y expresiones de este libro. Pero no te esfuerces por hablar si no te sientes listo para ello. Aunque los programas que enseñan inglés pueden servirte de ayuda, nada será mejor que la práctica en la vida diaria.

- **Actúa como si supieras más de lo que sabes.** Aprende a sentir confianza alrededor de personas que sólo hablan inglés. Piensa mucho cuando te hacen una pregunta, y siempre contesta con pocas palabras. Imita las expresiones que ves cuando hablan y sé amable. Experimenta con nuevas palabras y frases. ¡Actúa, y verás que pronto estarás hablando y entendiendo más inglés!

- **No trates de buscar excusas.** Estudios científicos han demostrado que las siguientes creencias sobre el aprendizaje de un nuevo idioma son incorrectas:

Necesitas practicar la gramática	*¡No!*
Necesitas desarrollar una buena pronunciación	*¡No!*
Necesitas comenzar muy joven	*¡No!*
Necesitas memorizar listas de vocabulario	*¡No!*
Necesitas ser bueno para aprender idiomas	*¡No!*
Necesitas leer con cuidado este libro	***¡Sí!***

- **¡Sobre todo, relájate!** La idea de aprender un nuevo idioma asusta a muchas personas. No te avergüences de tu pronunciación de principiante. Solamente acepta que es normal sonar diferente y sentirse raro por un tiempo. No es nada grave. Esta guía está diseñada para aliviar la tensión y frustración que puedas sentir. ¡Nunca te des por vencido! No te preocupes por nada, diviértete, y sigue adelante.

Important List

(Lista importante)

1 Una silla cómoda   ☐
2 Música de fondo   ☐
3 Tu bebida favorita   ☐
4 La mente clara   ☐

CAPÍTULO *ONE*
[uán]

1

Do You Speak English?

[Du iú spik ínglech]

(¿Hablas inglés?)

Palabras en inglés que muchos latinos ya conocen

baby	[béibi]	bebé
book	[buk]	libro
bye	[bái]	adiós
car	[car]	carro
computer	[campiúter]	computadora
dancing	[dánsin]	bailando
door	[dor]	puerta
email	[ímeil]	correo electrónico
English	[ínglech]	inglés
excuse me	[exquiús mi]	perdón
father	[fáder]	padre
friend	[frend]	amigo
Hello?	[jeló]	¿Diga?
Hi	[jái]	Hola
hot dog	[ját dok]	salchicha
house	[jáus]	casa
kiss	[quis]	beso
love	[lav]	amor
money	[máni]	dinero
mother	[máder]	madre
O.K.	[o quéi]	bueno
one	[uán]	uno
party	[párti]	fiesta
pencil	[pénsil]	lápiz
please	[plis]	por favor
table	[téibol]	mesa
telephone	[télefon]	teléfono
thank you	[tenk iú]	gracias
three	[zri]	tres
time	[taim]	tiempo
two	[tu]	dos
What's your name?	[uáts iór néim]	¿Cómo te llamas?
work	[uérk]	trabajo
yes	[iés]	sí

El "Span*glish*"

El inglés y el español se han mezclado en los Estados Unidos porque los latinos y los americanos han tratado de comunicarse. Aunque existe variación en estas palabras según la región, todas son fantásticas para los que no hablan inglés porque el "*Spanglish*" es muy parecido al inglés:

SPANGLISH	INGLÉS		ESPAÑOL
bloquear	*block*	[bloc]	obstruir
cachar	*catch*	[catch]	coger
chequear	*check*	[chec]	revisar
cliquear	*click*	[clic]	hacer clic
cuitear	*quit*	[cuít]	renunciar
mistear	*miss*	[mis]	faltar
parquear	*park*	[parc]	estacionar
pichar	*pitch*	[pitch]	lanzar
puchar	*push*	[puch]	empujar
scanear	*scan*	[scan]	enviar por scan
taipear	*type*	[táip]	escribir a máquina
textear	*text*	[tecs]	enviar un mensaje por texto
tochar	*touch*	[tach]	tocar
trostear	*trust*	[trast]	confiar
wachar	*watch*	[uátch]	mirar

¡AVISOS!

- Fíjate cómo las últimas letras en las palabras del Spanglish son la única diferencia de aquellas del inglés.
- Si tu pronunciación es parecida, probablemente te van a entender.
- ¿Sabes tú que la mezcla de los dos idiomas es aceptada ahora?
- ¡Qué importa si tu pronunciación no es perfecta! Muy pronto vamos a aprender los sonidos en inglés.

More [mor] (más) *Spanglish*

SPANGLISH	INGLÉS		ESPAÑOL
la baika	*bike*	[báik]	la bicicleta
las brekas	*brakes*	[bréiks]	los frenos
la carpeta	*carpet*	[cárpet]	la alfombra
la factoría	*factory*	[fáctori]	la fábrica
el lonche	*lunch*	[lanch]	el almuerzo
la marqueta	*market*	[márquet]	el mercado
el raite	*ride*	[ráid]	el paseo en carro
el rufo	*roof*	[ruf]	el techo
la troca	*truck*	[troc]	el camión
la yarda	*yard*	[iard]	el patio
el yonque	*junkyard*	[chánkiard]	la chatarrería

Cómo entender a los que hablan el inglés

Tienes razón. El inglés hablado suena como si todas las palabras fueran una sola. ¿Qué podemos hacer nosotros los latinos? Bueno, no te asustes. Aquí revelamos cinco secretos para entender:

1. **Presta atención al mensaje.**

   Escucha las palabras claves y fíjate como te las dicen. En lugar de tratar de entender todo a la vez, primero determina: ¿Se trata de una pregunta o un relato? ¿Qué es lo que me quiere decir? Concéntrate solamente en la idea principal.

2. **Usa la cara y las manos para expresarte.**

   Enseña a las personas que entiendes—señalando, moviendo o tocando cosas. Usa muchos gestos. Escribe o dibuja lo que tú piensas que te están tratando de decir. Muestra seguridad, pero sé amistoso. Muy rápido te seguirán el juego, y se reirán contigo.

3. **Di: *More slowly, please* [mor slóuli, plis].**

   *Esta frase significa "¡Más despacio, por favor!" También, puedes decir, **What?** [uát] o **How's that?** [jáos dát], que significan ¿Qué? o ¿Cómo?*

4. **Busca el español en el inglés.**

   Como los dos idiomas tienen raíces latinas, muchas palabras en inglés suenan como el español. Adivina y probablemente vas a estar correcto.

5. **Relájate y trata de nuevo.**

   Cómete tu orgullo y recuerda que ellos tienen tanto problema como tú. No lo tomes tan en serio. Siempre es más difícil al principio. Diviértete, y el inglés empezará a tener sentido para ti.

Hey, Listen! [jei, lísen] (¡Oye, escucha!)

¡No digas una palabra! No es necesario. Igual a los niños que aprenden su primer idioma, es mejor escuchar primero. No te esfuerces tratando de hablar. Después de escucharlo por un tiempo, gradualmente empezará a fluir el inglés de tus labios. Por ahora, trata algunas maneras fáciles (y baratas) para captar esos "sonidos extraños":

- Escucha las estaciones de radio en inglés.
- Trata de ver más películas o programas de televisión en inglés.
- Compra descargas de música en inglés.
- Alquila películas y pon los subtítulos en inglés.
- Empieza a asistir a los servicios religiosos conducidos en inglés.
- Ingresa en un equipo donde hablan mucho inglés.
- Hazte amigo con americanos.
- Toma una clase de inglés donde se usen materiales interactivos.
- Ve de compras a un centro comercial donde no hablan español.
- Si tienes hijos, puedes ayudar en la escuela pública como voluntario.
- Busca programas, materiales, y cursos "online" en inglés por el internet.

Escribe más ideas aquí:

_____

_____

_____

¡Hablar inglés con las manos!

Si quieres comunicarte en inglés, pero no tienes la confianza para hacerlo oralmente, hay otra manera divertida y muy fácil para mandar mensajes. En todas las culturas, ciertas señales, expresiones de cara y movimientos del cuerpo tienen un significado especial. Aquí verás algunas de mis señales preferidas, entre las que usan las personas que se comunican en inglés.

Para decir **O.K.** [o quéi] (Está bien), haz un círculo juntando tus dedos índice y pulgar.

Esta señal también significa **O.K.**: Cierra tu mano en un puño, levantando el dedo pulgar.

Con la palma hacia arriba y con los demás dedos recogidos en un puño, dobla y extiende tu dedo índice repetidamente. Así se dice, **Come!** [cam] (¡Venga!).

Pon tus manos en signo de apuntar y pasa un índice por encima del otro repetidamente. Esto significa, **¡A-AA! ¡Eso no se hace!** Jamás uses el dedo mayor (en medio de la mano) para apuntar. ¡Esa es una señal muy grosera!

Para decir **Bye** [bái] (Adiós), mueve la mano de lado a lado.

¡Qué fácil! Hablar sin usar la boca.

¡VAMOS A REPASAR!

Contesta las siguientes preguntas:

1. ¿Cuáles son unas razones que hacen el inglés un idioma fácil de aprender?

2. ¿Qué sugerencias extrañas están mencionadas en "Antes que comiences"?

3. ¿Cuál es el problema con las guías de pronunciación que se usan en este libro?

4. ¿Cuáles son unas palabras en inglés que muchos latinos ya conocen?

5. ¿Cuáles son algunas palabras en Spanglish?

6. ¿Cuáles son los secretos para entender a los que hablan inglés?

7. ¿Cuáles son algunas maneras fáciles para practicar con los sonidos en inglés?

8. ¿Sabes como "hablar" con las manos en inglés?

SIMPLE ENGLISH WORDS

Horizontales
3. trabajo
4. fiesta
5. amigo
6. gracias
7. libro
9. dinero
10. amor

Verticales
1. madre
2. bebé
4. por favor
6. mesa
8. casa

(Las respuestas están en la página 186.)

CAPÍTULO *TWO*
[tu]

2

My First Words

[mái ferst uérds]

(Mis primeras palabras)

Doce secretos para hablar como americano

Secret [sícret] *I*

No se leen las palabras en inglés como están escritas. Los sonidos no se pronuncian como en español. Por ahora, tienes que memorizar la pronunciación de cada palabra. Como ya habrás notado, las palabras en inglés en este libro tienen al lado, entre paréntesis, su pronunciación en español, *O.K.* [o quéi]? Sin embargo, recuerda que estas guías de pronunciación son sólo aproximadas.

Secret II

Los sonidos en inglés salen de la parte de atrás de la boca, y se bota mucho aire al hablar. También, los sonidos en inglés son mucho más largos que los sonidos en español:

Do you understand?
[du-u iu-u-u a-an-de-er-stá-and]
(¿Entiendes?)

Secret III

El mejor método de aprender los sonidos en inglés es practicar con la gente americana. Para muchas personas, esto no es tan fácil. Sin embargo, si quieres conseguir un buen acento en inglés, tendrás que escuchar y repetir las palabras siguientes con alguien que tiene la pronunciación americana. Estos son varios de los sonidos más difíciles para el latino. Cada lista de palabras presenta un sonido diferente; además recuerda que estos no son todos los sonidos que necesitas. Usa una traductora con audio para escuchar las palabras y aprender las traducciones.

hat	*pin*	*but*	*book*	*girl*	*zoo*
fan	*sick*	*mud*	*foot*	*burn*	*zipper*
map	*big*	*sun*	*cook*	*her*	*zap*
ship	*strap*	*yes*	*very*	*this*	*jump*
shoe	*street*	*year*	*van*	*that*	*jet*
shot	*string*	*yo-yo*	*vet*	*the*	*job*

Secret IV

Hay muchas palabras en inglés que suenan casi igual (***watch-wash***, ***kiss-keys***). Más adelante en este libro, hablaremos de esta situación. Por ahora, si vas a contestar con una sola palabra, practica hasta que te sientas cómodo.

Secret V

Lo que te va a gustar del inglés es que las palabras se dicen en partes o sílabas—así como en es-pa-ñol. Por lo tanto, para hablar como americano, pon-las-par-tes-en-or-den:

Eng-lish-is-no-pro-blem-for-La-ti-nos.

Secret VI

Tienes que pronunciar cada parte de la palabra. Es decir, a veces será mejor si hablas despacio. Acuérdate que la última letra de cada palabra es muy importante. Por ejemplo *Ben* [ben] (Benjamin) y *bend* [bend] (doblar) son muy diferentes.

Secret VII

Para pronunciar inglés como un americano, es necesario escuchar la entonación. Por ejemplo, en español nosotros subimos la voz al final de una pregunta ("¿Vendrás mañana A VERNOS?"). Pero en inglés casi no hay tal entonación y la frase se pronuncia sin bajadas ni subidas de voz.

Secret VIII

Está bien si usas el Spanglish. Hay muchos "americanismos" (palabras que vienen del inglés) que puedes usar en caso de emergencia. Además cuando se te olvide alguna palabra, dila en español con el acento en inglés. Siempre recuerda que hay miles de palabras que son casi iguales en los dos idiomas.

Secret IX

Si lo dices con una sonrisa, mirando a los ojos de la persona con quien hablas, te va a entender mejor. Trata de usar estas frases:

I don't speak much English.

[ái dóun spik mach ínglech]

(No hablo mucho inglés.)

Sorry, I'm learning English.

[sári, áim lérnin ínglech]

(Lo siento. Estoy aprendiendo inglés.)

Could you please repeat that?

Excuse me, I don't understand.

[exquiús mi, ai dóun anderstánd]

(Disculpe, yo no entiendo.)

[kud llu plis ripít dat]

(¿Podrías repetirlo?)

Secret X

Si tu pronunciación no es muy buena, es posible que te entiendan de todos modos. Tranquilízate, ¡no necesitas un inglés perfecto para hablar! Además, con tus esfuerzos y la ayuda de este libro tu inglés pronto sonará muy bonito.

Secret XI

No te preocupes si no entiendes nada. Todos los americanos no hablan igual. Vienen de muchas partes y tienen varios dialectos. Sigue escuchando y, tarde o temprano, vas a entender algo.

Secret XII

Practica las palabras en la casa primero. Escoge las que vas a usar al día siguiente y repítelas muchas veces. Otra buena manera de obtener más práctica es ofrecerle a un americano lecciones en español por lecciones en inglés.

Palabras en inglés que no necesitan traducción

Hay miles de palabras en inglés que son muy fáciles de entender. Todo lo que necesitas es encontrar el parecido que existe en los dos idiomas. Fíjate cómo no tenemos que traducir estas palabras para que las entiendas:

Las palabras fáciles

check	[chec]	*modern*	[mádern]
commercial	[comérchel]	*moment*	[móment]
correct	[coréct]	*music*	[miúsic]
diet	[dáiet]	*November*	[novémber]
digital	[díchital]	*person*	[pérson]
divorce	[divórs]	*pistol*	[pístol]
dollar	[dáler]	*possible*	[pásibol]
electric	[iléctric]	*president*	[présidént]
elegant	[élegant]	*product*	[prádact]
experience	[expíriens]	*professional*	[proféchonal]
fantastic	[fantástic]	*program*	[prógram]
important	[impórtent]	*rapid*	[rápid]
instrument	[ínstrument]	*special*	[spéchel]
internet	[ínternet]	*telephone*	[télefon]
laptop	[láptap]	*tornado*	[tornéido]
list	[list]	*violent*	[váiolent]

Las palabras más fáciles

banana	[banána]	*idea*	[aidía]
chocolate	[chóclet]	*individual*	[indivílluol]
color	[cólor]	*informal*	[infórmal]
doctor	[dóctor]	*natural*	[nátchural]
final	[fáinal]	*plaza*	[plása]
golf	[golf]	*popular*	[pópiular]
horrible	[jórribol]	*radio*	[réidio]
hospital	[jóspital]	*taxi*	[táxi]
hotel	[jotél]	*television*	[télevichon]

¡ATENCIÓN!

El inglés lleva sólo un signo de interrogación (?) y de exclamación (!), el cual se escribe al final:

Do you understand?
[du iú anderstánd]
(¿Comprendes?)

¿Reconoces estas palabras?

application	[apliquéchon]	*pronunciation*	[pronanciéchon]
conversation	[converséchon]	*reservation*	[reservéchon]
information	[informéchon]	*transportation*	[transportéchon]
operation	[operéchon]	*vacation*	[vequéchon]

¡Habla!

Hi, Bill. What's happening?

I, . . . este, . . . murmullo, murmullo . . .

¡No te preocupes acerca del sonido! Lo único que debe importance es que de alguna manera te puedan entender.

Muchas maneras de practicar

Escuchar el inglés no es mucho **problem**. Pero tu meta es hablarlo. Por lo tanto, una vez que te familiarices con las palabras en inglés que se parecen al español, prueba estas técnicas para mejorar la pronunciación mientras vas aprendiendo lo más difícil.

- La próxima vez que vayas a un restaurante americano, ordena comida para todos en la mesa.
- Viaja a zonas de una ciudad donde se habla solo el inglés y lee en voz alta todos los mensajes de los letreros en las calles y los negocios.
- Abre libros en inglés y busca palabras al azar que puedas leer y trata de pronunciarlas.
- Cuando estés solo, trata de decir todas las palabras y frases que ya sabes en inglés, usando los secretos para hablar.
- Repite en voz alta lo que oyes en inglés. En la casa, practica con lo que escuchas en el internet, la radio o la televisión.
- Graba tu pronunciación regularmente mientras lees algo en inglés. Y no te rías, ¡sí da resultado!
- Compra un programa o aplicación de idiomas con audio y vídeo . . . ¡y úsalo!

La mejor manera de aprender un nuevo idioma es hablarlo frente a frente con alguna persona. Ingenia formas convenientes de aprender el inglés con compañeros americanos. Como ya lo hemos mencionado anteriormente, un método popular es ofrecer un poco de instrucción en español a cambio de la de inglés.

Las primeras palabras del bebé

Hemos visto las palabras que los latinos ya conocen y que tú debes de saber. Ahora llegó el momento de probar con nuevas palabras y frases que es necesario aprender. De la misma manera que los niños aprenden sus primeras palabras para poder sobrevivir, al principio es mejor empezar con el inglés que te dará el mejor resultado en un corto tiempo. Las siguientes palabras son las que se adquieren más pronto en todos los idiomas.

a lot	[a lot]	mucho	**live**	[liv]	vivir
bathroom	[bázrum]	baño	**man**	[man]	hombre
big	[big]	grande	**need**	[nid]	necesitar
child	[chaild]	niño	**number**	[námber]	número
come	[cam]	venir	**person**	[pérson]	persona
driving	[dráivin]	manejando	**phone**	[fon]	teléfono
fine	[fáin]	bien	**thanks**	[zenks]	gracias
food	[fud]	comida	**time**	[táim]	tiempo
go	[góu]	ir	**very**	[véri]	muy
good	[gud]	bueno	**want**	[uánt]	querer
have	[jav]	tener	**water**	[uáter]	agua
like	[láik]	gustar	**woman**	[uóman]	mujer

Pon dos o más palabras juntas con:

and	[and]	y	*John and Mary*
or	[or]	o	*one or two*
but	[bat]	pero	*no money*, but *a lot of love*

Estas palabras también las reconocerás pronto:

Mr.	[míster]	Sr.
Mrs.	[mísas]	Sra.
Miss	[mis]	Srta.

¡ATENCIÓN!

Si no has nacido en España, haz de cuenta que sí y pronuncia la **z** en las guías de pronunciación con la lengua contra los dientes, como en: *thanks* [**z**enks]

¡AVISOS!

Antes de seguir adelante, aquí leerás unas cuantas sugerencias de cómo usar tus nuevas palabras:

- Está bien usar un inglés imperfecto; solamente di las palabras claves claramente y balbucea las palabras menos importantes. Aprenderemos acerca de esto más adelante.

- Usa esta frase en caso de emergencia: **Do you speak Spanish?** [du iu spik spánech] (¿Hablas español?). **Do you speak English?** es lo que te van a preguntar a ti.

- Si no puedes recordar alguna palabra, trata de explicarte de otra manera.

- Comienza con una palabra cada día. Gana confianza usando primero las palabras que más te gustan.

A veces, se usan las siguientes palabras para expresar refinamiento:

| Thank you, *sir*. | [ser] | Gracias, señor. |
| Excuse me, *ma'am*. | [méam] | Disculpe, señora. |

¡VAMOS A REPASAR!

Contesta las siguientes preguntas:

1. ¿Cuáles son algunos "Secretos para hablar como americano"?

2. ¿Cuáles son algunas palabras en inglés que no necesitan traducción?

3. ¿Cuáles son unas maneras de practicar el inglés en voz alta?

Mis primeras palabras favoritas

¡Aquí hay unas palabras que puedes usar solas!

a few	[a fiú]	poquitos	*last*	[last]	último
a little	[a lítel]	poquito	*lots*	[lots]	muchos
after	[áfter]	después	*next*	[next]	próximo
again	[aguén]	otra vez	*none*	[nan]	ninguno
all of it	[álofet]	todo	*nothing*	[nózin]	nada
almost	[álmost]	casi	*once*	[uáns]	una vez
alone	[alón]	solo	*right now*	[rait náo]	ahorita
already	[alrédi]	ya	*same*	[séim]	mismo
another	[anóder]	otro	*some*	[sam]	algunos
any	[ény]	cualquier	*something*	[sámzin]	algo
before	[bifór]	antes	*the rest*	[de rest]	el resto
both	[bod]	ambos	*then*	[den]	entonces
different	[díferent]	diferente	*together*	[tuguéder]	juntos
each	[ich]	cada	*too many*	[tu méni]	demasiados
enough	[inóf]	bastante	*too much*	[tu mách]	demasiado
first	[ferst]	primero	*twice*	[tuáis]	dos veces

1. ¡APUESTO QUE SÍ PUEDES!

Traduce y lee en voz alta:

man _____   phone _____   water _____

car _____   house _____   woman _____

¿Cómo está tu inglés?

Con una línea, conecta las palabras en inglés con la traducción apropiada:

work   niño

bathroom   comida

child   trabajo

friend   baño

food   amigo

¿Cuál es lo contrario de …?:

before _after_____

different _____

something _____

first _____

all of it _____

(Las respuestas a los ejercicios **"¡APUESTO QUE SÍ PUEDES!"** aparecen en la página 186.)

Los saludos básicos

Si todavía no te atreves a hablar, quizás las expresivas pero sencillas frases que siguen te animen a tratarlo. Memoriza estos saludos como si fueran una sola palabra y los que te escuchen pensarán que ya hablas inglés:

¡AVISOS!

- Muchos americanos dicen **Morning!** en lugar de **Good morning!**

- Trata de usar estas despedidas comunes en lugar de **Goodbye!** (dilas muy rápido):

  Bye-bye. [bai-bái]
  Adiós.

  See you later. [si iú léiter]
  Nos vemos.

  See you tomorrow. [si iú tumórou]
  Hasta mañana.

  Take it easy. [téik it isi]
  Que la pases bien.

Good morning.
  Buenos días.   [gud mórnin]

Good afternoon.
  Buenas tardes.   [gud afternún]

Good evening.
  Buenas noches.   [gud ívnin]

¡AVISOS!

- ¿Sabías que **Hi!** no se usa al contestar el teléfono?

- **Please** es una buena palabra al principio y al final de las oraciones: *Please,* **help me!** [jélp mi], **Help me,** *please!* (¡Ayúdame, por favor!).

Muchos americanos usan **Hi!** (jai) para saludar en lugar de las tres frases de arriba, porque **Good afternoon** y **Good evening** son saludos más formales.

Good night [gud náit] significa *Adiós* cuando te despides en la noche. Y no te confundas con **Good evening**. También, recuerda que **Goodbye** [gud-bái] puede ser *Adiós, Chao,* o *Hasta luego*.

Más cortesías

- **Hello?** [jeló] (¿Diga?) es lo mejor para contestar al teléfono. **Who's calling?** [jus cálin] significa *¿De parte de quién?* **Message** [mésach] es *recado* o *mensaje* y **voicemail** [vóismeil] es *correo de voz.*

- **Please** [plis] (por favor) y **Thanks a lot** [zenks alót] (muchas gracias) trabajan juntas muy bien. Usa **You're welcome** [iór uélkam] para decir *De nada.*

- Cuando alguien toca la puerta, di: **Who's there?** [jus der] (¿Quién es?). **Come in!** [kam in] significa *¡Pase!*

- Para expresar en inglés *con permiso, perdón, dispense* o *disculpe,* toda la gente usa la misma frase: **Excuse me!** [eksquiús mi]. **I'm sorry** [aim sóri] es *lo siento.*

- En la cultura norteamericana no encontrarás muchos saludos de cortesía. Al comunicarse, todo es más informal. Qué bueno, ¿no? Tendrás menos que recordar.
- Para hablar más como americano, pronuncia todas las palabras de cortesía con una sonrisa muy grande.
- ***Thanks a million!*** [zenks a mílyon], ***Thanks!*** y ***Thank you!*** también significan *¡Gracias!*
- ¿Has notado que a veces en inglés se escriben dos palabras como una sola? Por ejemplo, ***Who's . . .?*** significa ***Who is . . .?*** (¿Quién es . . .? ¿Quién está . . .?). Veremos más ejemplos muy pronto.

Hay muchas formas en inglés para decir *¿Qué pasa?*

What's going on?	[uáts goin án]
What's happening?	[uáts jápenin]
What's up?	[uáts ap]

Las formas indicadas arriba son las más comunes. Fíjate como todas empiezan con ***What*** (Qué). Si tú pones atención a las primeras palabras de una pregunta, se te facilitará contestarla. Especialmente cuando te saluden con ***What . . . ,*** ya que esto te indicará que quieren saber lo que está pasando contigo. Contesta con ***Nothing much!*** [nózin mách] (¡Sin novedad!).

How are you?	[jáo ár iú]

Muchos principiantes ya conocen esta pregunta. Se traduce, *¿Cómo estás?* Hay otros saludos que también empiezan con ***How*** y en general todos significan la misma cosa:

How's it going?	[jáos et góin]
How have you been?	[jáo jav iú bín]

También aquí, la respuesta es muy fácil:

Fine!	[fáin]	¡Bien!
Pretty good!	[prídi gud]	¡Regular!

Practiquemos. Contesta en voz alta:

Hi! How have you been?
Morning!
What's up?
Hello? Who's calling?
Thanks a million!

Introductions [introdácchons]

(Las presentaciones)

¡AVISOS!

- Un poco después vamos a descubrir más ***questions*** [cuéschans] ***and answers*** [ánsers] (preguntas y respuestas) con ***What?*** y ***How?***
- Para decir *¿Y tú?* agrega al final, ***And you?*** [en iú].

Usa una de estas frases cuando te presenten a alguien para expresar *Mucho gusto*: **Nice to meet you** [náis tu mít iú]. Claro que hay otras frases similares, pero estas son las mejores. ¡Y no te olvides de dar la mano! Si te hablan a ti primero, diles **Same to you** [séim tu iú] (Igualmente).

En Norteamérica, entre la gente sencilla no es necesario usar muchas palabras para presentar a alguien. Por ejemplo, casi todos hablan así: **Hi. This is my friend, . . .** [jái, des es mái fren] (Hola. Este es mi amigo o amiga, . . .). ¡Y no tienes que hablar más!

What's your name? [uáts iór néim] (¿Cómo te llamas?) es una pregunta muy común, así que practícala mucho. Para responder *Soy . . .* di, **I'm . . .** [áim]. Para identificarte usa: **My name is . . .** [mái néim es] (Mi nombre es . . .). Escucha por **name**. Será muy importante en los casos de emergencia.

Where Is It? [uér es et] (¿Dónde está?)

¡ATENCIÓN!

Tienes que practicar también cualquier palabra nueva que tú oigas, además de las que están mencionadas aquí.

Sin duda, una de las primeras palabras de interrogación que necesitarás es **Where?** (¿Dónde?). A veces nos perdemos y tenemos que hacer unas preguntas en inglés. Cuando necesites direcciones, las frases y palabras siguientes te servirán:

to the right	[tu de ráit]	a la derecha
to the left	[tu de left]	a la izquierda
straight ahead	[stréit ajéd]	adelante
here	[jíer]	aquí
there	[der]	ahí

go	[go]	ir	**turn**	[tern]	dar vuelta

stop [stap] parar

¡VAMOS A REPASAR!

Aquí tienes las expresiones más comunes de la vida diaria entre los americanos. Trata de recordar la pronunciación y el significado de cada frase:

Good morning! How are you?	*Pretty good. And you?*
Fine. What's happening?	*Nothing much.*
	This is my friend, Susan.
Nice to meet you.	*Hi. Nice to meet you, too.*
See you later!	*Bye. Take it easy!*

¿Otras? ¡Qué bueno! ¿Estás hablando en voz alta?

Excuse me.	*Yes?*
Where's the bathroom?	*There. To the left.*
Thanks a lot.	*You're welcome.*

Contesta las siguientes preguntas:

What's your name? _____

How's it going? _____

Do you speak Spanish? _____

La regla de combinar

En inglés, si quieres juntar o combinar algunas palabras, lo puedes hacer cuando hablas y también cuando escribes. Ya hemos visto unos ejemplos. No encontrarás todas las palabras que se combinan aquí, pero a ver si las siguientes te permiten aprender un poco del sistema:

Where is = Where's	*Who is = Who's*
What is = What's	*How is = How's*

Muchas veces, se omite una letra y se escribe un apóstrofo (**'**) en su lugar.

is not = isn't	*I am = I'm*
do not = don't	*She is = She's*
has not = hasn't	*We are = We're*

Inglés para Latinos

2. ¡APUESTO QUE SÍ PUEDES!

Cambia las frases siguiendo los ejemplos:

Where is the man?   Where's the man?
She is my friend.   She's my friend.

I am Puerto Rican. _____

What is your phone number? _____

Who is the president? _____

(No olvides que las respuestas están en la página 186.)

Viva el Vocabulary [vocábiuleri]

Aquí leerás tres grupos de palabras que la mayoría de las personas aprenden y usan casi inmediatamente:

The Numbers	[námbers]		The Colors		[cólors]
0	zero	[sírou]	black	[blak]	negro
1	one	[uán]	blue	[blu]	azul
2	two	[tu]	brown	[bráun]	pardo/café
3	three	[zri]	gray	[gréi]	gris
4	four	[for]	green	[grin]	verde
5	five	[fáiv]	orange	[óranch]	anaranjado
6	six	[sics]	purple	[pérpol]	morado
7	seven	[séven]	red	[ret]	rojo
8	eight	[éit]	white	[uáit]	blanco
9	nine	[náin]	yellow	[iélo]	amarillo

The Class [clas]

book   [buk]

notebook
[nótbuk]

chair   [cher]

paper   [péiper]

marker
[márquer]

pen   [pen]

whiteboard
[uáitbord]

pencil   [pénsil]

desk   [desk]

table   [téibol]

projector
[prolléctor]

screen   [escrín]

Usa las guías de pronunciación para leer estas palabras. Pero
memorízalas tal como se escriben.

¡ESCÓGELAS Y ÚSALAS!

Vamos a ver algunas oraciones que te ayudarán a poner estas palabras en práctica. Llena los espacios que están en blanco, lee cada oración en voz alta y después encuentra la manera de usarlas en tu vida diaria.

Numbers

My telephone number is [mái télefon námber es] _____.

Mi número de teléfono es (618- . . . , 972- . . .).

Where's room number [uérs rum námber] _____? ¿Dónde está el cuarto número (cinco, tres, . . .)?

Count them! [cáunt dem]

¡Cuéntalas en inglés!

Colors

I like the color [ái láik de cólor] _____. Me gusta el color (morado, rojo, . . .).

Is it [es et] _____ **or** [or] _____? ¿Es (negro, . . .) o (blanco, . . .)?

There are some [der ar sam] _____ **ones** [uáns]. Hay algunos de color (azul, verde, . . .).

Class

Do you have a [du iú jav a] ____? ¿Tienes un (lápiz, libro, . . .)?

The [de] _____ **is on the** [es on de] _____. (La pluma, El papel, . . .) está en (la mesa, el escritorio,............).

I need [ái nid] _____. Necesito (la silla, el cuaderno, . . .).

Antes de pasar al siguiente capítulo, he aquí unas frases que son muy buenas para todos los que no saben mucho inglés y quieren practicar nuevo vocabulario:

This is a . . .	[des es a]	Esto es . . .
That is a . . .	[dat es a]	Eso es . . .
These are . . .	[dis ar]	Estos son . . .
Those are . . .	[dos ar]	Esos son . . .

Al final de este libro, encontrarás una hoja titulada "Lista de mis éxitos." ¡Úsala! Apunta tus experiencias de una manera simple. Trata de emplear tus nuevas habilidades. Verás cuán rápido crecerá tu lista.

3. ¡APUESTO QUE SÍ PUEDES!

¡Traduce!

three yellow pens _____

six black tables _____

two green books _____

nine red chairs _____

five blue pencils _____

That is a big black desk. _____

This is good white paper. _____

Those are seven orange notebooks. _____

Ahora, escribe los colores en la columna de la derecha. ↓

COLORS

edr	red
bleu	
ngeer	
lyelwo	
lkacb	
nrbwo	
ihtew	
yrag	
rplupe	
gnroae	

(Las respuestas están en la página 186.)

More, More, More

[móur, móur, móur]

(Más, más, más)

Vocablos *the* y *a*

¡Todo es tan fácil!

The [de]

Pon *the* enfrente de las palabras que nombran las cosas, las personas y los lugares:

the book [de buk] el libro   *the* school [de skul] la escuela

the teacher [de tícher] el maestro

¡Mira!

the books los libros   *the* schools las escuelas

the teachers los maestros

A ver si puedes practicar con estas oraciones:

This is **the** *man.* [des es de man] Este es **el** hombre.

The *pen is on* **the** *table.* [de pen es an de téibol] **La** pluma está en **la** mesa.

Where is **the** *park?* [uér es de parc] ¿Dónde está **el** parque?

¡ATENCIÓN! ⚠️

The es una palabra muy importante. Por ahora, sólo recuerda que *the*, en general, significa *el*, *la*, *los* y *las*.

A [a]

Ahora entiendes un poco sobre *the*. Pues, hay otra palabra chiquita que también te puede ayudar muchísimo. Se trata de *a*, la cual significa *un* o *una*. Igual que *the*, *a* va enfrente de los nombres de las cosas, los lugares y las personas:

a book un libro   *a* school una escuela   *a* teacher un maestro

Se usa *a* para hablar de cualquier cosa, mientras que *the* indica cosas que ya están entendidas. Practica con estos ejemplos:

It's **a** *book.* Es un libro.
That's **a** *pen.* Esa es una pluma.
Charles is **a** *doctor.* Carlos es médico.
The *doctor is at* **the** *hospital.* El médico está en el hospital.
The *book is on* **the** *table.* El libro está en la mesa.
A *man is in* **the** *house.* Un hombre está en la casa.

¡AVISOS!

- *Di **an** en lugar de **a** antes de una palabra que empieza con una de estas letras: **A**, **E**, **I**, **O**, **U**; por ejemplo:*

  an apple   [en ápel]   una manzana

  an egg   [en eg]   un huevo

  an ice cream   [en áis crim]   un helado

  an orange   [en óranch]   una naranja

  an umbrella   [en ambréla]   un paraguas

- Si te confundes con **the**, **a** o **an**, no hay ningún problema. Te van a entender de todos modos. Cuando te corrijan, di a ti mismo, "¡Lo voy a recordar para la próxima vez!"

La regla de muchos

¡Buenas noticias! Hablar de muchas cosas (el plural) es casi lo mismo en los dos idiomas. Pon la **s** al final:

one taco	un taco	**two tacos**	dos taco**s**

Y de vez en cuando, hay que añadir **es** al final:

one watch	un reloj	**two watches**	dos reloj**es**

¡Ojo! Algunas palabras plurales son muy locas y tendrás que memorizarlas:

one man	un hombre	**two men**	dos hombres
one child	un niño	**two children**	dos niños
one fish	un pescado	**two fish**	dos pescados
one tooth	un diente	**two teeth**	dos dientes

¡Fíjate! No se pone la *s* en cada palabra como lo hacemos en español:

*Many good friend**s**.*   [méni gud frens]   Muchos amigos buenos.

*A lot of big **men**.*   [a lót of big men]   Muchos hombres grandes.

*Lots of new watch**es**.*   [lots of niú uátches]   Muchos relojes nuevos.

4. ¡APUESTO QUE SÍ PUEDES!

¡Traduce y nota la diferencia!

Mr. Sanchez is the teacher.
Mr. Sanchez is a teacher.
This is a book
This is the book.
Where is the table?
Where is a table?

Escribe o di **a** o **an**:

_____*a*____ **book**
_____**orange**
_____**egg**
_____**friend**
_____**apple**
_____**chair**
_____**man**
_____**woman**
_____**umbrella**

(Las respuestas están en la página 186.)

There [der] significa *hay*, *allí*, *ahí*, o *allá*. Traduce y practica en voz alta:

There is . . . [der es]	**no more money.** **the smartphone.** **a big party.** **an English application.** **a red and black car.**
There are . . . [der ar]	**many bathrooms.** **five chairs.** **lots of children.** **the laptops.** **pencils and pens.**

¡Cambia las frases del singular al plural! (No escribas si no quieres):

This is a book.   **These are books.**
This is a pencil.   **These are pencils.**

This is a desk. These are _____

This is a chair. _____

This is a car. _____

Una al día . . .

Al aprender un nuevo idioma, una buena manera de obtener confianza es usar frases cortas, en vez de sufrir tratando de formar oraciones largas. Las frases cortas son de gran utilidad, porque se pueden usar con frecuencia—especialmente cuando ya no tienes más que decir. Al usarlas, te sentirás más seguro y tu inglés sonará muy fluido. Practica una frase nueva cada día. ¡Y ten cuidado! Todas ellas son muy pegajosas:

¡Practica!

Are you sure?	[ar iú súer]	¿Estás cierto? *That is my phone! Are you sure?*
Good idea!	[gud aidía]	¡Buena idea! *I'm going to bed. Good idea!*
I see.	[ái sí]	Yo veo. *There's a problem. I see.*
I think so.	[ái zínk so]	Creo que sí.
I'm so glad.	[áim só glad]	Me alegro.
Just the opposite.	[yast de ápaset]	A lo contrario.
Like this?	[láik des]	¿Así?
Maybe.	[méibi]	Quizás.
Me neither.	[mi níder]	Yo tampoco.
Me too.	[mi tu]	Yo también.
More or less.	[mor or les]	Más o menos.
No wonder!	[no uánder]	¡Con razón!
Not me!	[nat mi]	¡Yo no!
Of course.	[of cors]	Por supuesto.
Really?	[ríli]	¿Es verdad?
Sure.	[chur]	Seguro.
That depends.	[dat dipéns]	Depende.
That's good.	[dats gud]	Está bueno.
That's O.K.	[dats o quéi]	Está bien.
That's right.	[dats ráit]	Eso es correcto.
Whatever you want.	[uatéver iú uánt]	Lo que quieras.
Who knows?	[ju nóus]	¿Quién sabe?
Why not?	[uái nat]	¿Cómo no?
Without a doubt.	[uizáut a dáut]	Sin duda.

¡Más frases claves!

Recuerda, de las frases cortas que ves a continuación, usa una cada día:

At the same time.	[at de séim táim]	A la misma vez.
Lots of times.	[láts av táims]	Muchas veces.
Not yet.	[nat iét]	Todavía no.
Not now.	[nat náo]	Ahora no.
On time.	[an táim]	En punto.
Backward.	[bákuards]	Al revés.
Upside down.	[ápsaid dáun]	Boca abajo.

Y para decir *adiós* a todo el mundo:

Have a nice day!	[jav a náis déi]	¡Buen día!
Have a nice trip!	[jav a náis trip]	¡Buen viaje!
Have a good time!	[jav a gud táim]	¡Que te diviertas!
Give my regards to . . .	[guiv mái rigárds tu]	Me saluda a . . .
Give my love to . . .	[guiv mái lav tu]	Me abraza a . . .
Take care!	[téik quér]	¡Cuídate!
Get well soon!	[guet uél sun]	¡Que te mejores!
Good luck!	[gud lak]	¡Buena suerte!
Bye!	[bái]	¡Chao!

Dí estas frases, pero, ¡con mucha **emoción!**

Congratulations!	[congratiuléchons]	¡Felicitaciones!
Happy Birthday!	[jápi bérdtei]	¡Feliz cumpleaños!
Happy Holidays!	[jápi jálideis]	¡Felices fiestas!
Merry Christmas!	[méri crísmas]	¡Feliz Navidad!
Happy New Year!	[jápi nu íer]	¡Feliz Año Nuevo!
Help!	[jelp]	¡Socorro!
Wow!	[uáo]	¡Caramba!

Para personas ocupadas:

I have to run!	[ai jav tu ran]	¡Ya me voy!
He's gone.	[jis gón]	Ya se fue él.
She's not here.	[chis not jír]	Ella no está aquí.
I'll be right back.	[áil bi ráit bak]	Ahora vengo.
Here she comes.	[jir chi cams]	Aquí viene ella.
Ready?	[rédi]	¿Listo?
Let's go!	[lets go]	¡Vamos!

Inglés para Latinos

Sigue hablando con expresiones idiomáticas:

Sigue hablando con expresiones idiomáticas:

I get it!	[ai guet et]	¡Te entiendo!
Oh, boy!	[óu bóy]	¡Qué bueno!
Go on!	[go an]	¡Vaya!
No way!	[no uéi]	¡No puede ser!
Forget it!	[forguét et]	¡Olvídalo!
What a joke!	[uát a llóuk]	¡Qué chiste!
What a shame!	[uát a chéim]	¡Qué lástima!
What luck!	[uát lak]	¡Qué suerte!
What the heck!	[uát de jec]	¡Qué diablos!
What a nightmare!	[uát a náitmeir]	¡Qué pesadilla!
How awful!	[jáo áful]	¡Qué barbaridad!
How strange!	[jáo stréinch]	¡Qué extraño!
How sad!	[jáo sád]	¡Qué triste!
How embarrassing!	[jáo embéresin]	¡Qué vergüenza!
How cool!	[jáo cuol]	¡Qué chévere!

¡Estas palabras son muy valiosas!

That's [dats]. . .	**a lie!**	[a lái]	una mentira!
¡Eso es . . .	**boring!**	[bórin]	aburrido!
	correct!	[coréct]	correcto!
	dumb!	[dam]	tonto!
	enough!	[ináf]	bastante!
	excellent!	[éxcelent]	excelente!
	fantastic!	[fantástic]	fantástico!
	great!	[gréit]	muy bueno!
	horrible!	[jóribol]	horrible!
	important!	[impórtant]	importante!
	incredible!	[incrédebol]	increíble!
	interesting!	[íntrestin]	interesante!
	stupid!	[stúped]	estúpido!
	wonderful!	[uánderful]	maravilloso!

¡VAMOS A REPASAR!

1. Explica la diferencia entre los vocablos **a** y **the**.
2. Explica el uso de la regla de muchos.
3. ¿Cuáles son cinco de las frases más claves en inglés?

Encuentros con amigos

Si tú has puesto atención en las páginas anteriores, este ejercicio no será difícil para ti. Todo lo que tienes que hacer es llenar los espacios en blanco con las palabras o frases adecuadas. No necesitas escribirlas. Y sólo usa el inglés que ya has aprendido:

Aquí puedes levantar la voz un poco:

Trata más de una respuesta. En las páginas anteriores, busca por posibles contestaciones. También, tal como lo harías en la vida real, ¡sé creativo!

I Have a Question
[ái jav a cuéschon]
(Yo tengo una pregunta)

Tres sugerencias para lograr el éxito

Trata de aplicar estas sugerencias cuando hagas preguntas y des respuestas en inglés:

1. **Concéntrate en la primera palabra.**

   Solamente existen unas pocas palabras que indican que te están haciendo una pregunta, así que, ¡apréndelas! El siguiente paso es escuchar las palabras principales en la pregunta que puedas reconocer o adivinar. Pon atención en el tema de la conversación.

2. **Contesta de la manera más corta posible.**

   Tómate el tiempo necesario. Y si quieres, repite la pregunta que te hicieron antes de contestarla. Al principio, responde con palabras claves y frases cortas.

3. **Relájate y recuerda tu español.**

   Ya sea que estés preguntando o contestando, trata de usar cada palabra así como lo harías en español. Además, no olvides que está bien mezclar los dos idiomas si no te acuerdas de la palabra apropiada.

Las primeras preguntas en *English*

Asegúrate de poder entender y pronunciar bien las palabras de **question** que siguen:

What?	[uát]	¿Qué?
Which?	[uích]	¿Cuál?
How?	[jáo]	¿Cómo?
How many?	[jáo méni]	¿Cuántos?
How much?	[jáo mách]	¿Cuánto?
Where?	[uér]	¿Dónde?
When?	[uén]	¿Cuándo?
Why?	[uái]	¿Por qué?

¡AVISOS! 💬

- Mucho vocabulario va con la pregunta *What's your . . .?* [uáts iór]: **password** [pásuerd] contraseña, **username** [iúser neim] nombre de usario, **account number** [acáun número] número de cuenta.
- "What" tiene diferentes traducciones: ¡Ten cuidado! *What* luck! ¡Qué suerte! *What's* up? ¿Qué pasa? That's *what* I said. Eso es lo que dije.

Who?	[ju]	¿Quién?
Whose?	[jus]	¿De quién?

What? [uát] (¿Qué?)

Empecemos con las preguntas que se hacen con **what**, porque es posible contestarlas en una o dos palabras. Aquí están unas preguntas fáciles que te servirán para conseguir mucha información básica. Y por favor, no traduzcas palabra por palabra; también, recuerda la regla de combinar:

What's = **What** is

What's *your name?*   [uáts iór néim]   ¿Cuál es tu nombre?

What's *your address?*   [uáts iór ádres]   ¿Cuál es tu dirección?

What's *your phone number?*   [uáts iór fon námber] ¿Cuál es tu número de teléfono?

What's *your email address?*   [uáts iór ímeil ádres]   ¿Cuál es tu correo electrónico?

A ver si reconoces estas preguntas:

What's *the problem?*   [uáts de problem]   ¿Cuál es el problema?

What *time is it?*   [uát táim es et]   ¿Qué hora es?

What's *happening?*   [uáts jápenin]   ¿Qué pasa?

What *do you want?*   [uát du iú uánt]   ¿Qué quieres?

What's *that?*   [uáts dat]   ¿Qué es eso?

What *are you doing?*   [uát ar iú dúin]   ¿Qué estás haciendo?

What *. . . ?*

_____ ?

_____ ?

_____ ?

¿Sabes tú otras?

5. ¡APUESTO QUE SÍ PUEDES!

Las preguntas con **What** son las más comunes en inglés. Traduce y lee en voz alta:

What's your name?
What's your address?
What's your cell phone number?
What's your nationality?
What's happening?

(Las respuestas están en la página 187.)

¿Ya terminaste? Ahora, contesta las preguntas con poquitas palabras.

Which? [uích] (¿Cuál?)

Se usa **which** para comparar las cosas. Cuando tengas que escoger, recuerda esta palabra.

Which one? [uích uán] ¿Cuál es?

Which do you like? [uích du iu láik] ¿Cuál te gusta?

Which is bigger? [uích es bíguer] ¿Cuál es más grande?

Which ones are yours? [uích uáns ar iors] ¿Cuáles son los tuyos?

Which is better? [uích es béter] ¿Cuál es mejor?

Anota otros ejemplos que tú sepas:

Which . . . ?

_____?
_____?
_____?

Your name, please. [iór néim, plis] (Tu nombre, por favor.)

Ahora que estamos hablando de las preguntas importantes, vamos a tomar un momento para estudiar la frase **What's your name?** (¿Cómo te llamas?). En el mundo hispano, el nombre de una persona lleva mucha información. En los Estados Unidos, la mayoría de la gente sólo usa su **primer nombre** con el **apellido** del papá:

Mary   Smith

first *name* [ferst néim]   **last** *name* [last néim]

A veces los americanos también tienen un "nombre en medio":

middle *name* [mídel neim]

Mary   **Ann**   Smith

Veamos unos nombres y apellidos tradicionales de Norteamérica. Y como siempre, recuerda que las guías de pronunciación en este libro no son perfectas:

Male	[méil]	Female	[fímeil]	Last Name	
Masculino		Femenino			
Bill	[bil]	Alice	[ális]	Adams	[ádams]
Bob	[bab]	Anne	[an]	Anderson	[ánderson]
Charles	[charls]	Beth	[bet]	Black	[blac]
Dan	[dan]	Cathy	[cázi]	Brown	[bráun]
Dave	[déiv]	Debbie	[débi]	Davis	[déivis]
Ed	[ed]	Donna	[dána]	Edwards	[éduerds]
Fred	[fred]	Jane	[lléin]	James	[lléims]
George	[llorch]	Jean	[llin]	Johnson	[llánsan]
Jim	[llim]	Joan	[llóun]	Jones	[llóuns]
Joe	[llóu]	Judy	[llúdi]	Miller	[míler]
John	[llan]	Karen	[quéren]	Robinson	[rábinson]
Mark	[marc]	Kim	[kim]	Smith	[smid]
Mike	[máik]	Linda	[línda]	Taylor	[téilor]
Pete	[pit]	Liz	[lis]	Thomas	[támas]
Steve	[stiv]	Mary	[méri]	White	[uáit]
Ted	[ted]	Nancy	[nánci]	Wilson	[uílsen]
Tom	[tam]	Susan	[súsan]	Williams	[uíliams]

Busca más nombres norteamericanos y escríbelos aquí:

_____

_____

_____

How? [jáo] (¿Cómo?)

Vas a encontrar **how** por todas partes, y no siempre tiene que ver con *¿Cómo?* Mira estos ejemplos:

How are you?   ¿Cómo estás?
How tall are you?   ¿Cuál es tu estatura?
How long have you been here?   ¿Cuánto tiempo tienes aquí?
How about some more?   ¿Quieres más?
How crazy!   ¡Qué loco!

How much? y **How many?** son preguntas distintas. **How much?** [jáo mách] (¿Cuánto?) es la pregunta que usas cuando vas de compras:

How much does it cost?   [jáo mách das et cast]   ¿Cuánto cuesta?

How many?   [jáo méni]   (¿Cuántos?) es un poco diferente. Úsala cuando quieras saber el número de cosas que hay:

How many books?   [jáo méni buks]   ¿Cuántos libros?

¡AVISOS!

- **How terrible!** [jáo téribol] (¡Qué terrible!) y **How beautiful!** [jáo biútifol] (¡Qué bonito!) son expresiones comunes y no son preguntas.
- *Estas preguntas con* **How** *son muy buenas:*

  How do you pronounce it?

  [jáo du iú pronáons et] ¿Cómo se pronuncia?

  How do you spell it?

  [jáo du iu spel et] ¿Cómo se deletrea?

  How does it work?

  [jáo das et uérk] ¿Cómo funciona?

  How old are you?

  [jáo óld ar iú] (¿Cuántos años tienes?) es mi favorita. Contesta de esta manera; solo metes un número.

  I am . . . years old.

  [ai em . . . íers old] Tengo . . . años.

Aquí tienes más ejemplos:

> ***How many*** *times?*   ¿Cuántas veces?
> ***How many*** *people?*   ¿Cuántas personas?
> ***How many*** *days?*   ¿Cuántos días?
>
> ***How much*** *time?*   ¿Cuánto tiempo?
> ***How much*** *money?*   ¿Cuánto dinero?
> ***How much*** *memory?*   ¿Cuánta memoria?

6. ¡APUESTO QUE SÍ PUEDES!

Lee y traduce en voz alta:

> **How many blue chairs?**
> **How many black cars?**
> **How many brown houses?**
> **How much English?**
> **How much money?**
> **How much time?**

(Las respuestas están en la página 187.)

Where? [uér] (¿Dónde?)

Si llegaras a perderte, la palabra **where** te sería muy útil. Para preguntar por una persona, un lugar o una cosa, la frase que debes usar es ***Where*** *is* . . . ? (¿Dónde está . . . ?).

¡Practica los siguientes ejemplos en voz alta!

> ***Where*** *is Mary?*   [uér es méri]   ¿Dónde está María?
> ***Where*** *is the boy?*   [uér es de bói]   ¿Dónde está el niño?
> ***Where*** *is the bathroom?*   [uér es de bázrum]   ¿Dónde está el baño?
> ***Where*** *do you live?*   [uér du iú lif]   ¿Dónde vives?
> ***Where*** *do you work?*   [uér du iú uérk]   ¿Dónde trabajas?
> ***Where*** *are you going?*   [uér ar iú góin]   ¿Adónde vas?
> ***Where*** *are you from?*   [uér ar iú from]   ¿De dónde eres?

Encuentra más preguntas con ***where***. Apréndetelas y anota algunas aquí:

> ***Where*** . . . *?*

_____

_____

_____

When? [uén] (¿Cuándo?)

Vamos a estudiar el reloj y el calendario muy pronto. Así que prepárate con preguntas que emplean **when**:

Why? [uái] (¿Por qué?)

Why? es importante solamente cuando necesitas explicaciones. **How come?** [jáo cam] es una expresión que significa la misma cosa. Cuando alguien te pregunte **Why?**, siempre empieza tu contestación con:

> **Because** [bicós] . . . Porque . . .

Por ejemplo:

> **Why** is John happy? ¿Por qué está feliz Juan?
> **Because** John's in love. Porque Juan está enamorado con alguien.

Who? [ju] (¿Quién?/¿Quiénes?)

Así funciona esta pregunta clave:

> **Who** is it?   [ju es et]   ¿Quién es?
> **Who** are they?   [ju ar déy]   ¿Quiénes son?
> **Who** is calling?   [ju es cálin]   ¿Quién llama?

Para contestar preguntas con **Who?**, sólo necesitas el nombre de la persona: **Who** is that?—That is **Mr. Miller**.

¡AVISOS!

- Usa la regla de combinar:

  Where is = Where's
  When is = When's
  Where's the party?
  ¿Dónde está la fiesta?
  When's the party?
  ¿Cuándo es la fiesta?

- Las respuestas largas no son comunes. Con todas estas preguntas, no trates de usar demasiadas palabras. Contesta con frases muy cortas:

  When's the party?
  Today! [tudéi]
  ¡Hoy día!

¡VAMOS A REPASAR!

Contesta en inglés:

What's your address? _____

What's your last name? _____

Which do you like—Honda or Toyota? _____

Which is better—a pen or a pencil? _____

How are you? _____

How old are you? _____

How many days in December? .

How much is 2 + 2? _____

Where do you live? _____

Where are you from? _____

When is Christmas? _____

When does work begin? _____

Who are you? _____

Why are you happy? _____

Lee los siguientes nombres norteamericanos; usa la pronunciación correcta:

Bill Edwards	*Alice Wilson*
Dave Smith	*Debbie Johnson*
Mark Robinson	*Nancy Miller*
Mr. Fred Taylor	*Mrs. Jean Anderson-Jones*
	Dr. Bob James

 ## 7. ¡APUESTO QUE SÍ PUEDES!

Conecta las preguntas con las respuestas correctas:

Where?	*nine books*
When?	*Guatemala*
How much?	*red*
How many?	*$5.00*
What color?	*2:30 P.M.*
Why?	*Mary*
Who?	*Because it's important!*

(Las respuestas están en la página 187.)

Las "palabras personales"

Para contestar preguntas, a veces, tienes que usar las "palabras personales":

Usa estas palabritas tal como se usan en el español y . . .

¡No se te olvide señalar!

I [ái] yo

You [iú] usted o tú

She [chi] ella

He [ji] él

They [déi] ellos o ellas

You [iú] ustedes

We [uí] nosotros o nosotras

¡AVISOS!

- Fíjate en que estas palabras te sirven para empezar una conversación:

  She is intelligent. (Y usa la regla de combinar: *She's* intelligent.)

- *They* también puede usarse para hablar de objetos: *They* are nice cars.

- Para hablar de un objeto usa *It* [et]:

  It is a book.

  It is my car.

  It is no problem.

- Recuerda siempre que *you* puede significar *tú, usted o ustedes.* Se dice *You guys* [iú gáis] para expresar *Uds.* también.

Las "palabras de posesión"

Muchos confunden las palabras personales con las "palabras de posesión," las cuales contestan la siguiente pregunta:

Whose . . . ? [jus] ¿De quién . . . ?
Whose is it? [jus es et] ¿De quién es?
Whose are they? [jus ar dei] ¿De quiénes son?

It's . . . ***my***	[mái]	mi . . . ***car.***
your	[iór]	tu/su (de ustedes)
his	[jis]	su/de él
her	[jer]	su/de ella
their	[der]	su/de ellos
our	[áur]	nuestro

La **'s** indica la posesión en inglés. Para hablar de "posesión" con los sustantivos, debes cambiar el orden de las palabras. Nota que la **'s** aquí no tiene relación con la regla de combinar. Se puede usar también para indicar la posesión. Estudia estos ejemplos:

el amigo de	**el dinero** del	**el carro** de
María	Sr. Smith	Lupe y Tony
Maria's **friend**	*Mr. Smith's* **money**	*Lupe and Tony's* **car**

¡AVISOS!

Cuando algo le pertenece a un animal o a una cosa, usa ***its*** [ets] para decir *su*.

The animal is big. I am ***its*** *friend.* (su amigo)

Where is my sofa? ***Its*** *color is green.* (su color)

Nombremos este cambio la regla del reverso. Esta regla se usa mucho en inglés. A veces es necesario pensar "al revés." Estudia las siguientes diferentes frases:

La cara de mi madre.	Tres flores **bonitas.**
My mother's ***face.***	*Three* ***pretty*** *flowers.*
Muchos amigos **buenos.**	El cinco de **mayo.**
A lot of ***good*** *friends.*	***May*** *fifth.*
Mi carro **verde y azul**.	¡Ahora **no!**
My ***green and blue*** *car.*	***Not*** *now!*

Seguramente encontrarás muchos más ejemplos, y te vas a equivocar de vez en cuando. ¡Qué importa, a nadie le molesta si te confundes!

8. ¡APUESTO QUE SÍ PUEDES!

Conecta las palabras personales con las palabras correctas:

He	*a book*
She	*six pens*
It	*John*
They	*Maria*
We	*you and I*

Sin buscar la traducción, ¿puedes decir el significado de cada una de estas palabras?

What? How? Which? Where? When? How many? How much? Why? Who? Whose?

(Las respuestas están en la página 187.)

¡VAMOS A REPASAR!

Por favor, lee en voz alta:

Who are you?
Who is your friend?
Who's the president?
Whose book is that?
Whose car is this?
My money is in your car.
Her children are at our house.
There is his black pen.
It is John's cell phone.
Maria's tablet is big.
Its color is red and yellow.

Practica la siguiente conversación con tus amigos, y cambien lugares cuando terminen. ¡Cambia los nombres si quieres!

Persona 1	Persona 2
Who is she?	*That's Cathy. She's my friend.*
Who is he?	*That's Bill. He's Cathy's friend.*
Who is that man?	*His name is Tom Johnson. He's our doctor.*
Who is that woman?	*That's Dr. Johnson's friend. Her name is Linda.*

The Interview! [ínterviu] (¡La entrevista!)

Si tú has decidido aprender inglés seriamente, "La entrevista" es para ti. Aquí te muestro cómo trabaja. Traza un formulario similar al ejemplo que se encuentra debajo. Después, simplemente prepara tres preguntas que se usan comúnmente y escríbelas para encabezar las tres columnas al lado derecho de aquélla titulada **Names**. Luego, ponte en un lugar donde puedas entrevistar fácilmente a personas que hablan el inglés. Escribe los nombres completos de las personas entrevistadas bajo la columna encabezada **Names**. Para conseguir los nombres, usa la primera pregunta del formulario. Coloca las respuestas en los espacios debajo de cada pregunta.

Names (Los nombres)	What is your name? (¿Cómo te llamas?)	How are you? (¿Cómo estás?)	Where are you from? (¿De dónde eres?)
Mary Smith	Mary	Fine	Chicago
Robert Brown			
John Jones			

The Super-Questions!

Do you like it?   [du iú láik et]   ¿Te gusta?

Do you want it?   [du iú uánt et]   ¿Lo quieres?

Do you need it?   [du iú nid et]   ¿Lo necesitas?

Do you have it?   [du iú jav et]   ¿Lo tienes?

Do you understand it?   [du iú anderstánd et]   ¿Lo entiendes?

Do you know it?   [du iú nóu et]   ¿Lo sabes?

Hay algunas preguntas en inglés que forman oraciones completas. Muchas se usan cuando es necesario obtener más información. Practícalas como si fueran una sola palabra:

¡ESCÓGELAS Y ÚSALAS!

Ahora vamos a ver lo que pasa cuando les agregamos más palabras a las **Super-Questions**. Toma esta oportunidad para usar unas palabras que ya has aprendido:

Do you like . . . ?   ¿Te gusta . . .(la comida, el libro, . . .)?

Do you understand . . . ?   ¿Entiendes . . .(el papel, el inglés, . . .)?

Do you have . . . ?   ¿Tienes . . .(el número, un carro, . . .)?

QUESTION WORDS

T	N	V	Q	X	U	I	U	U	M	M	N	X	K	E
N	F	W	D	Z	P	J	S	H	V	T	W	U	U	R
E	O	A	O	Z	G	B	G	D	T	H	D	H	J	E
H	Y	I	W	H	R	W	A	L	Y	T	M	X	T	H
Y	T	X	T	H	P	H	G	X	L	L	Z	J	G	W
O	G	Z	J	S	E	S	Q	O	P	L	H	G	S	Q
J	D	Y	P	X	E	N	S	Z	H	S	B	C	Z	T
U	M	C	P	U	A	U	G	G	S	Y	P	A	A	F
K	A	E	U	W	K	B	Q	H	G	E	J	T	V	X
A	J	J	O	U	J	U	C	I	W	T	Z	T	H	N
W	O	Q	H	D	F	I	K	A	H	M	Y	A	X	S
S	R	J	J	D	H	N	T	S	A	S	F	W	A	B
U	K	U	S	W	H	O	S	E	T	U	Q	V	S	M
M	T	Y	M	V	P	S	Z	O	H	W	Z	O	F	K

Busca estas palabras y haz círculos alrededor de ellas.

HOW	**QUESTION**
WHAT	**WHEN**
WHERE	**WHICH**
WHO	**WHOSE**
WHY	

(Las respuestas están en la página 187.)

CAPÍTULO *FOUR*
[for]

4

Much More!

[mach móur]

(¡Mucho más!)

How
do you spell it?

¿Sabes el *Alphabet*?
[álfabet] (alfabeto)

Muy pronto vas a estar entre gente americana haciendo y contestando preguntas en inglés. Ya sea en el trabajo, con el público, en el teléfono o en el internet, tú aprenderás palabras como parte de tu rutina diaria. Usa estas frases para conseguir más información:

What's this?	[uáts des]	¿Qué es esto?
How do you say it?	[jáo du iú séi et]	¿Cómo se dice?
What's that mean?	[uáts dat min]	¿Qué significa eso?

Son importantes, ¿no te parece? Pero a veces tendrás que escribir algunos de los datos. Entonces, necesitarás hacer la siguiente pregunta:

How do you spell it? [jáo du iú spel et] ¿Cómo se deletrea?

Cuando ellos empiecen a deletrear, di:

Letter by letter, please! [léter bái léter, plis] ¡Letra por letra, por favor!

Lo más fácil es prestarle a la persona una pluma y preguntarle:

How do you write it? [jáo du iú ráit et] ¿Cómo se escribe?

The English Alphabet

El alfabeto en inglés es el mismo que en español. En inglés, la mayoría de las letras del alfabeto se pronuncian casi igual que en español. Observa que la pronunciación que aparece entre paréntesis abajo es la pronunciación del **nombre** de la letra y no indica necesariamente la pronunciación de la letra cuando ésta forme parte de una palabra.

A	[éi]	**N**	[en]
B	[bi]	**O**	[óu]
C	[si]	**P**	[pi]
D	[di]	**Q**	[quiú]
E	[ii]	**R**	[ar]
F	[ef]	**S**	[es]
G	[lli]	**T**	[ti]
H	[éich]	**U**	[iú]
I	[ái]	**V**	[vi]
J	[lléi]	**W**	[dábol iú]
K	[quéi]	**X**	[ex]
L	[el]	**Y**	[uái]
M	[em]	**Z**	[tsi]

Number by Number
[námber bái námber]
(Número por número)

¡Conteste number by number!

0 1 2 3 4 5 6 7 8 9...

Los primeros **numbers** del **0** al **9** son fáciles y muy valiosos. Mira lo que puedes decir **number by number:**

Número de . . .

. . . teléfono	*phone* [fon] **number**
. . . seguro social	*social security* [sóchel sequiúreti] **number**
. . . la licencia de conducir	*driver's license* [dráivers láisens] **number**
. . . la póliza	*policy* [póleci] **number**
. . . la placa	*license plate* [láisens pléit] **number**
. . . la tarjeta de crédito	*credit card* [crédit card] **number**

Y otros datos con números:

address	[adrés]	la dirección
zip code	[tsip cod]	el código postal
area code	[éria cod]	el código de área
cell phone	[sel fon]	el teléfono celular
account	[acáunt]	la cuenta
password	[pásuerd]	la contraseña

¿Te das cuenta? Los números del **0** al **9** están por todas partes. Desde el dinero en tu bolsillo hasta en los canales de televisión. Di todo en inglés, y claro . . . diviértete!

1 2 3

The Big Numbers

Vamos a presentar los números más grandes por "partes." Esto te ayudará a memorizarlos. Primero, practiquemos el grupo de números que puede ser un poco más difícil de aprender:

10 *ten* *[ten]*   **11** *eleven* [iléven]   **12** *twelve* [tuélf]

Para continuar estudiaremos los números en dos grupos porque estos tienen casi el mismo sonido al final. Para que no te confundas, es importante practicarlos en voz alta (unos terminan con el sonido **-tin** y otros, con **-ti**):

	-tin			-ti	
13	*thirteen*	[zértin]	20	*twenty*	[tuénti]
14	*fourteen*	[fórtin]	30	*thirty*	[zérti]
15	*fifteen*	[fíftin]	40	*forty*	[fórti]
16	*sixteen*	[síxtin]	50	*fifty*	[fífti]
17	*seventeen*	[séventin]	60	*sixty*	[síxti]
18	*eighteen*	[éitin]	70	*seventy*	[séventi]
19	*nineteen*	[náintin]	80	*eighty*	[éiti]
			90	*ninety*	[náinti]

Para decir los otros números es muy sencillo. Solamente añadiremos los números chiquitos. Por ejemplo:

> **25** es *twenty* (20)-*five* (5)
> **52** es *fifty* (50)-*two* (2)
> **91** es *ninety* (90)-*one* (1)

¡Qué fácil! ¿Verdad? Practícalos hasta que no tengas problemas:

21	*twenty-one*	23	*twenty-three*
22	*twenty-two*	24	*twenty-four* . . .

9. ¡APUESTO QUE SÍ PUEDES!

Traduce las siguientes oraciones:

She is twenty-five years old. _____

This is my third book. _____

My telephone number is five-one-seven-six-nine-four-eight.

_____

Contesta las preguntas que siguen:

How many letters are in the English alphabet?

How do you say "tres mil" in English?

How do you spell "19" in English?

How do you write "fifth" in numbers?

(Las respuestas están en la página 187.)

¡AVISOS!

- Te van a gustar los números más grandes en inglés:

  100 *one hundred* [uán jándred]. . .

  200 *two hundred* [tu jándred]. . .

  1,000 *one thousand* [uán záosend). . .

  2,000 *two thousand* [tu záosend]. . .

  1,000,000 *one million* [uán mílion]. . .

  2,000,000 *two million* [tu mílion]. . .

  123,456,789, por ejemplo, es *one hundred twenty-three million, four hundred fifty-six thousand, seven hundred eighty-nine*.

- Nota los números que expresan orden o sucesión (ordinales):

  Anota también su forma abreviada

1° = *first* [ferst]		**1ˢᵗ**
2° = *second* [sécond]		**2ⁿᵈ**
3° = *third* [zerd]		**3ʳᵈ**
4° = *fourth* [fordt]		**4ᵗʰ**
5° = *fifth* [fefdt]		**5ᵗʰ**
6° = *sixth* [sixdt]		**6ᵗʰ**
7° = *seventh* [sévendt]		**7ᵗʰ**
8° = *eighth* [éidt]		**8ᵗʰ**
9° = *ninth* [náindt]		**9ᵗʰ**
10° = *tenth* [tendt]		**10ᵗʰ**

Tell Me the Time! [tel mi de táim] (¡Dime la hora!)

No necesitarás mucho *time* para aprender como decir la hora en inglés. Aunque hay otras maneras para expresarla, esta forma es la más fácil y rápida. Primero tienes que saber la pregunta clave:

What time is it?
[uát táim es et]
¿Qué hora es?

Para contestarla, consulta tu **cell phone** [cel fóun] (celular) o **watch** [uách] (reloj de pulsera) o cualquier **clock** [clác] (reloj de pared), y di la hora con los minutos así:

(six) 6:15 (fifteen)
(la hora) HOUR:MINUTES (los minutos)
[áuer]:[mínuts]

Pon **It's** . . .[ets] (Son las . . .) en frente y ya está completo:

It's 5:30.   **It's** 7:00.   **It's** 1:55.

Si la hora está "en punto," es un poco diferente:

Son las 6:00 es It's six o'clock [ets sics o clác].

- Otra pregunta será **At what time?**
  [at uát táim]   *¿A qué hora?*
- Para decir *A las . . .*, usa **at** en lugar de **it's**.
  *The party is **at** nine.*
  *The program is **at** seven fifteen.*

- *Time* significa muchas cosas en inglés:

Next **time.**	La próxima **vez.**
Lots of **time.**	Mucho **tiempo.**
At what **time?**	¿A qué **hora**?

- Hay más expresiones de *time*. Aquí siguen algunas de mis favoritas:

  A.M.   [éi em] y **P.M.**   [pi em] ***The party is at six o'clock P.M.***
  in the morning   [en de mórnin]   de la mañana
  in the afternoon   [en de afternún]   de la tarde
  in the evening o at night   [en de ívnin/at náit]   de la noche
  at noon   [at nun]   al mediodía
  at midnight   [at mídnait]   a la medianoche
  on the dot   [on de dat]   en punto

- Recuerda, la puntualidad es muy importante en Norteamérica. No puedes llegar y salir cuando quieras. Si tienes una cita importante, ¡no llegues tarde!

10. ¡APUESTO QUE SÍ PUEDES!

¡Escribe con números!	*Escribe la hora en otra forma:*
fifty-six <u>56</u>	**seven twenty** <u>7:20</u>
eighteen <u>18</u>	**one ten** _____
thirty-two_____	**nine fifty-five** _____
ninety-one _____	**twelve midnight** _____
four hundred _____	**two in the afternoon** _____
seven thousand _____	**eight in the morning** _____
five million _____	**four o'clock** _____
zero _____	**three thirty** _____

(Las respuestas están en la página 187.)

The Calendar [de cálender]
(El calendario)

Para continuar marcando el tiempo en inglés, es necesario que aprendas las palabras relacionadas con el calendario. ¡Comencemos con las más comunes!

day	[déi]	el día
week	[uík]	la semana
month	[mant]	el mes
year	[íer]	el año

The calendar!

Days of the Week

Monday	[mándei]	lunes
Tuesday	[tiúsdei]	martes
Wednesday	[uénsdei]	miércoles
Thursday	[zérsdei]	jueves
Friday	[fráidei]	viernes
Saturday	[sáderdei]	sábado
Sunday	[sándei]	domingo

Months of the Year

January	[llánueri]	enero
February	[fébrueri]	febrero
March	[march]	marzo
April	[éiprol]	abril
May	[mey]	mayo
June	[llun]	junio
July	[llulái]	julio
August	[ógost]	agosto
September	[septémber]	septiembre
October	[octóber]	octubre
November	[novémber]	noviembre
December	[dicémber]	diciembre

There are seven days in a week and twelve months in a year!

What's the Date? [uáts de déit]
(¿Cuál es la fecha?)

Cuando digas la fecha en inglés, te sonará un poco rara. Estudia los ejemplos:

El **tres** de junio	*June **third***
El **once** de octubre	*October **eleventh***
El **primero** de abril	*April **first***

Y el año siempre se lee como dos números separados:

1993	=	19	**(nineteen)**	93	**(ninety-three)**
2025	=	2000	**(two thousand)**	25	**(twenty-five)**

¡ESCÓGELAS Y ÚSALAS!

There's a class . . .	Hay una clase . . . (el sábado, el martes).
Do you work . . . ?	¿Trabajas . . . (el jueves, el 3 de julio)?
The program is . . .	El programa es . . . (en marzo, por los viernes).
Tomorrow is . . .	Mañana es el . . . (5 de agosto, 2 de junio).

¡Adelante con *the Calendar!*

Aparte de las palabras que usamos en el calendario básico, también es bueno conocer otras palabras y expresiones que te ayudarán a hacer tus mensajes más claros. No te olvides de practicarlas en voz alta primero, antes de lanzarte a usarlas:

What day is today?	[uát déi es tudéi]	¿Qué día es hoy?
What day is tomorrow?	[uát déi es tumárou]	¿Qué día es mañana?
What day was yesterday?	[uát déi uás yésterdei]	¿Qué día fue ayer?
. . . the day after tomorrow	[de déi áfter tumárou]	pasado mañana
. . . the day before yesterday	[de déi befór yésterdei]	anteayer

More Important Vocabulary

the next one	[de necst uán]	el próximo **Please don't come on Monday. Come on the next one.**
the past one	[de past uán]	el pasado
daily	[déili]	diariamente
weekend	[uíkend]	el fin de semana
birthday	[bérdtei]	el cumpleaños
anniversary	[anivérsari]	el aniversario
wedding	[uédin]	la boda
party	[párti]	la fiesta
vacation	[veiquéichon]	las vacaciones
meeting	[mítin]	la reunión
appointment	[apóintment]	la cita
due/expiration date	[du/ekspiréichen déit]	la fecha de vencimiento

The Seasons [de sísens] (las estaciones)

summer	[sámer]	el verano	*fall*	[fal]	el otoño
winter	[uínter]	el invierno	*spring*	[sprin]	la primavera

 11. ¡APUESTO QUE SÍ PUEDES!

Conecta cada palabra con la traducción correcta:

Tuesday	febrero
June	enero
Friday	martes
December	invierno
Wednesday	junio
February	diciembre
summer	miércoles
Thursday	viernes
January	verano
winter	jueves
meeting	reunión

(Las respuestas están en la página 187.)

How's the Weather? [jáos de uéder] (¿Qué tiempo hace?)

Todo el mundo conversa del clima y la pregunta común en inglés es *How's the weather?* Es excelente para preguntarla cuando no tienes mucho que decir.

Ahora, si eres tú quien la recibe, contesta así:

It's . . .	cold.	[cold]	frío.
[ets]	hot.	[jat]	caliente. (o Hace calor.)
Está . . .	windy.	[uíndi]	ventoso.
	sunny.	[sáni]	soleado.
	warm.	[uárm]	caluroso.
	cool.	[cúol]	fresco.
	freezing.	[frísin]	helado.
	nice.	[náis]	bonito.
	clear.	[clíer]	despejado.
	cloudy.	[cláudi]	nublado.
	snowing.	[snóuin]	nevando.
	raining.	[réinin]	lloviendo.
	drizzling.	[dríslin]	lloviznando.

Más palabras del *Weather*

air	[éer]	aire	rain	[réin]	lluvia
clouds	[cláuds]	nubes	sky	[skái]	cielo
degrees	[digrís]	grados	snow	[snóu]	nieve
forecast	[fórcast]	pronóstico	storm	[storm]	tormenta
fog	[fog]	neblina	temperature	[témperacher]	temperatura
hail	[jéil]	granizo	thermometer	[sermómeter]	termómetro
hurricane	[júraquein]	huracán	thunder	[zánder]	trueno
ice	[áis]	hielo	tornado	[tornéido]	tornado
lightning	[láitnin]	relámpago	water	[uáter]	agua

¡AVISOS!

- Usamos **there is** o **there are** [der is, der ar] mucho en inglés. Las dos expresiones significan hay:

  There is a storm.
  There are clouds.
  There is a lot of snow.

- Agrega **very** o **a lot of:**

  It's **very** nice today.
  Está muy bonito hoy.

  There's **a lot of** fog.
  Hay mucha neblina.

Otras palabras interesantes:

global warming	[glóbel uármin]	calentamiento global
flood	[flad]	inundación
landslide	[lánslaid]	corrimiento de tierras
smog	[smag]	contaminación del aire
smoke	[smok]	humo
fire	[fáer]	fuego
earthquake	[értcueik]	terremoto
earth	[erdt]	mundo
stars	[stars]	estrellas
moon	[mun]	la luna
tide	[táid]	la marea

 12. ¡APUESTO QUE SÍ PUEDES!

Traduce y lee en voz alta:

> *It's raining here and snowing there.*
> *There are clouds in the sky.*
> *It's very nice and clear.*
> *Where are the stars and the moon?*
> *It's windy and cold in the winter.*
> *This fire is red and that smoke is black.*

(Las respuestas están en la página 188.)

¡VAMOS A REPASAR!

1. Trata de traducir, leer y contestar estos ejercicios en voz alta. Contesta con pocas palabras:

When is your birthday? _____

When is your vacation? _____

What time is it right now? _____

What's the date today? _____

What day is tomorrow? _____

Which is your favorite season? _____

Which do you prefer—cold or hot weather? _____

What is the temperature in your city today? _____

2. ¿Sabes decir el alfabeto en inglés?

3. ¿Puedes contar del uno al treinta en inglés?

Escribe los meses en la columna de la derecha.

THE MONTHS

YAUANRJ	
MEECDRBE	
CRHMA	
JYUL	
TOROCBE	
EUNJ	
FURAREBY	
EPTBMESRE	
RAPIL	
USUTGA	
AYM	
VMBNREEO	

(Las respuestas están en la página 188.)

People

[pípol]

(La gente)

Is [es] y *Are* [ar] ¿Cuál es la diferencia?

¡Yo digo IS!

¡Yo digo ARE!

IS y **ARE** se escuchan por todas partes porque se usan mucho para comunicar mensajes básicos. Es muy importante que entiendas la diferencia entre una y otra. En general, *is* significa *es* o *está* y se refiere a una sola persona o cosa. Mientras que *are* se refiere a personas o cosas múltiples y, usualmente, significa *son* o *están*. Estudia los ejemplos:

*This **is** my pen.*   Esta **es** mi pluma.
*She **is** fine.*   Ella **está** bien.
*The car **is** red.*   El carro **es** rojo.
*John **is** here.*   Juan **está** aquí.

*Those **are** my books.*   Aquellos **son** mis libros.
*We **are** doctors.*   Nosotros **somos** médicos.
*They **are** in the house.*   Ellos **están** en la casa.
*Mary and Charles **are** friends.*   María y Carlos **son** amigos.

13. ¡APUESTO QUE SÍ PUEDES!

Usa el inglés que ya entiendes para traducir estas frases sencillas:

That is Tom's car. _____

These are good. _____

It is September 10th. _____

Five and five are ten. _____

It's 8:30 P.M. _____

There is a problem. _____

There are problems. _____

Llena los espacios en blanco con *is* o *are*:

The pencil _____ *on the table.*

Our books _____ *in the house.*

Mr. and Mrs. Gonzalez _____ *in the car.*

Where _____ *my big blue pen?*

How many doctors _____ *at the clinic?*

She _____ *a very good friend.*

They _____ *Cubans.*

That _____ *your chair.*

There _____ *twenty-six letters in the English alphabet.*

The weather _____ *very cold in December.*

It _____ *six o'clock.*

(Las respuestas están en la página 188.)

¡AVISOS!

You significa *tú, vosotros, Ud.* o *Uds.,* y siempre toma *are.* Traduce:

You **are** my friend.

You **are** my friends.

You **are** an excellent doctor.

You **are** excellent doctors.

You **are** a Latino.

You **are** Latinos.

¿Estás usando la regla de combinar? **That's** Tom's car. **There's** *a* problem. **You're** *my friend.*

La Conexión #1

Ya es tiempo de unir todas tus *words* [uérds] (palabras). Unas cuantas palabras unidas lógicamente pueden crear un mensaje muy significativo. Y no olvides que ni la mala pronunciación ni la gramática incorrecta pueden destruir una buena comunicación. Habla sin miedo poniendo tus palabras más o menos en el mismo orden que lo haces en español.

Al empezar a hablar, lo más fácil es usar palabras sueltas y frases cortas:

> ***Yes!*** ¡Sí!
> ***He is.*** Él es.

Después, agregar más palabras para explicar lo que dices:

> *Yes, he is **my friend**.*

Además, se facilita más **La Conexión #1** usando estas palabritas: ***and*** (y), ***or*** (o), ***but*** (pero). Por ejemplo:

> *Yes, he is my friend, **and** she is my friend, **but** she's more intelligent.*

Aquí tienes tres frases (¿recuerdas todas las palabras?) que al juntarse forman oraciones largas:

1. *Joe's cell phone*   El celular de José
   is black and white,   es negro y blanco,
   but it's at his house.   pero está en su casa.
2. *What's your name*   ¿Cómo te llamas
   and where do you live?   y dónde vives?
3. *In December*   En diciembre
   it's cloudy and very cold,   está nublado y hace mucho frío,
   and there are lots of storms.   y hay muchas tormentas.

Ahora, trata de conectar tus propias frases:

_____

_____

¡Sigue uniendo tus palabras! Si al hablar se te olvida una, díla en español. Esto podría sorprender a algunos americanos, pero te van a comprender.

How Are You? [jáo ar iú]
(¿Cómo estás?)

Nosotros ya hemos hablado un poco acerca de la pregunta *¿Cómo estás?* en inglés. Y sabemos la respuesta *fine* [fáin] (bien). Ahora veamos otras posibles respuestas con las que puedes expresar cómo te sientes:

angry	[éngri]	enojado
bored	[bord]	aburrido
busy	[bísi]	ocupado
confused	[confiúst]	confundido
excited	[eksáited]	emocionado
good	[gud]	bien
great	[gréit]	muy bien
happy	[jápi]	feliz
nervous	[nérves]	nervioso
not bad	[nat bad]	regular
proud	[práud]	orgulloso
sad	[sad]	triste
sick	[sic]	enfermo
sleepy	[slípi]	dormido
strong	[strong]	fuerte
surprised	[surpráist]	sorprendido
tired	[táird]	cansado
weak	[uík]	débil
worried	[uórid]	preocupado

¡ESCÓGELAS Y ÚSALAS!

- **The girls are . . .**   Las muchachas están . . . (cansadas, nerviosas).
- **You're very . . .**   Tienes mucho . . . (frío, calor).
- **Steve is . . .**   Esteban está . . . (triste, ocupado).
- **They are . . .**   Están . . . (orgullosos, fuertes).
- **I'm a little . . .**   Estoy un poco . . . (enfermo, dormido).

¡AVISOS!

- ¡Usa *I'm* [áim] para decir *Estoy* o *Soy*!
  I'm happy! ¡Estoy contento!
  I'm strong and proud. Soy fuerte.
- Cuando hablas de la salud o las emociones, recuerda las palabras *is* y *are*:
  John is very sad. Juan está muy triste.
  You are sick. Tú estás enferma.
  The children are sleepy. Los niños están dormidos.
  She is strong. Ella es fuerte.
  We are fine. Estamos bien.
- Estudia la diferencia entre los dos idiomas:
  Margaret is . . . (Margarita **tiene** . . .)
  hungry. [jángri] hambre.
  thirsty. [zérsti] sed.
  hot. [jat] calor.
  cold. [cold] frío.
  afraid. [afréid] miedo.
- Y no te olvides de preguntarle:
  And you? [an llú] ¿Y tú?

What a Body! [uát a bádi]
(¡Qué cuerpo!)

Llegó el momento de aprender las diferentes partes del cuerpo humano. Después de todo, las personas estamos hechas de **flesh and bone** [flech an bon] (carne y hueso):

hair
[jéar]
cabello

face
[féis]
cara

nose
[nóus]
nariz

eye
[ái]
ojo

neck
[nec]
cuello

mouth
[máudt]
boca

ear
[íer]
oreja

hand
[jand]
mano

skin
[squin]
piel

shoulder
[chóulder]
hombro

elbow
[élbou]
codo

chest
[chest]
pecho

arm
[arm]
brazo

back
[bac]
espalda

stomach
[stómac]
estómago

fingers
[fínguers]
dedos

leg
[leg]
pierna

knee
[ni]
rodilla

toes
[tóus]
dedos del pie

foot
[fut]
pie

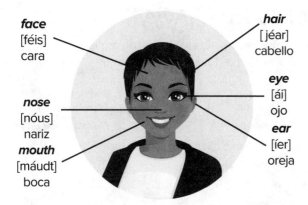

face		**hair**
[féis]		[jéar]
cara		cabello
		eye
		[ái]
		ojo
nose		**ear**
[nóus]		[íer]
nariz		oreja
mouth		
[máudt]		
boca		

14. ¡APUESTO QUE SÍ PUEDES!

Traduce y pon tu mano en estas partes del cuerpo:

head	**nose**	**shoulder**	**stomach**
neck	**foot**	**leg**	**knee**

(Las respuestas están en la página 188.)

Busca estas partes del cuerpo en la figura anterior . . . o en ti mismo o misma:

ribs	[ribs]	costillas	*These are my ribs.*
spine	[espáin]	espina	*This is my spine.*
thumb	[zam]	pulgar	*That is my thumb.*
armpit	[armpit]	axila	*Those are my armpits.*
navel	[néibel]	ombligo	
throat	[zrout]	garganta	
teeth	[tiz]	dientes	
muscle	[másel]	músculo	
ankle	[éinquel]	tobillo	
wrist	[rist]	muñeca	
buttocks	[bátacs]	nalgas	
thigh	[zái]	muslo	
calf	[caf]	pantorrilla	
ankle	[énquel]	tobillo	
hip	[jip]	cadera	
waist	[uéist]	cintura	
belly	[béli]	barriga	
chin	[chin]	barbilla	
cheek	[chic]	mejilla	
lip	[lip]	labio	
tongue	[tanc]	lengua	

Ouch! [áuch] (¡Ayyy!)

Aquí tienes algunas palabras y frases en inglés para ayudarte a expresar problemas o dolores que tengas en el cuerpo. Di algo si puedes:

bump	[bamp]	bulto	*I have a bump on my hand.*
blood	[blad]	sangre	*There's blood on his knee.*
broken bone	[bróquen bon]	hueso quebrado	
bruise	[brus]	contusión	
cut	[cat]	cortada	
fever	[fíver]	fiebre	
pain	[péin]	dolor	
sprain	[espréin]	torcedura	
a cold	[a cold]	resfriado	
sore throat	[sor tróut]	dolor de garganta	
the flu	[de flu]	influenza	
backache	[bac éic]	dolor de espalda	
headache	[jed éic]	dolor de cabeza	
stomachache	[stómac éic]	dolor de estómago	
toothache	[tud éic]	dolor de muela	

In Case of Emergency [en qéis av imérchensi] (En caso de emergencia)

En caso de emergencia, no hay tiempo para traducir. Tendrás que memorizar unas frases completas. Practica con estas nuevas palabras:

I had . . . [ái jad] Tuve . . . **Call the . . .** [cal de] Llama a . . . **It was . . .** [it uás] Fue . . .

I need . . . [ái nid] Necesito . . . **Help me, please!** [jelp mi pliis] ¡Ayúdame, por favor!

accident	[áccident]	accidente	*I had an accident.*
ambulance	[ámbiulans]	ambulancia	*Please call for an ambulance!*
bandage	[bándech]	bendaje	
clinic	[clínic]	clínica	
emergency	[emérllensi]	emergencia	
first aid	[ferst éid]	primeros auxilios	
hospital	[jáspital]	hospital	
mask	[mask]	máscara	
medicine	[médicin]	medicina	
paramedics	[peramédics]	paramédicos	
shot	[chot]	inyección	

The Organs!

bladder	[bláder]	vejiga
brain	[bréin]	cerebro
heart	[jar]	corazón
intestines	[intéstins]	intestinos
kidney	[quídni]	riñón
liver	[líver]	hígado
lung	[lang]	pulmón

 15. ¡APUESTO QUE SÍ PUEDES!

Traduce y lee en voz alta:

> *The paramedics are in the ambulance.*
> *There's pain in her elbow.*
> *He has cuts and blood on his arms.*

Subraya los rasgos faciales:

back	*eyes*
nose	*shoulder*
mouth	*foot*
leg	*ear*
neck	*chest*

(Las respuestas están en la página 188.)

How's the Family? [jáos de fámeli] (¿Cómo está la familia?)

Sin duda, uno de los primeros encuentros que tendrás en inglés te llevará a hablar de los miembros de tu familia. Pero antes de que aprendamos sobre la *family*, primero hagamos un esfuerzo en dominar varias palabras acerca de las personas. Nota las diferentes formas:

man	[man]	hombre
woman	[uóman]	mujer
child	[cháild]	niño o niña
girl	[guerl]	muchacha
boy	[bói]	muchacho
baby	[béibi]	bebé
children	[chíldren]	niños

Ahora...........

The Family

mother	[máder]	madre
father	[fáder]	padre
son	[san]	hijo
daughter	[dáter]	hija
parents	[pérents]	padres
grandparents	[grándperents]	abuelos
brother	[bráder]	hermano
sister	[síster]	hermana

¡ESCÓGELAS Y ÚSALAS!

- *Lupe is my* . . . Lupe es mi . . . (hermana, hija).
- *The* . . . *is here.* (El hombre, La muchacha) está aquí.
- *Who is her* . . . ? ¿Quién es su . . . (madre, padre)?
- *We are John's* . . . Somos los . . . (abuelos, parientes) de Juan.
- *These are the* . . . Estos son los . . . (niños, bebés).

Más palabras de *persons*:

partners	[pártners]	socios
members	[mémbers]	miembros
coworkers	[co-uérquers]	compañeros del trabajo
roommates	[rúm meits]	compañeros del cuarto
people	[pípol]	gente
teenagers	[tin éillers]	adolescentes
adults	[adólts]	adultos
seniors	[síñors]	personas de mayor edad
kids	[quids]	personas jóvenes o niños
friend	[frend]	amigo
partner	[pártner]	socio
relatives	[rélativs]	parientes
buddies	[bádis]	compañeros
lovers	[lávers]	amantes
boyfriend	[bóifrend]	novio
girlfriend	[guérlfrend]	novia
pals	[pals]	amigos

someone	[sámuan] o **somebody**	[sámbadi]	alguien
no one	[no uán] o **nobody**	[nóubadi]	nadie
anyone	[éniuan] o **anybody**	[énibadi]	cualquier persona
everyone	[évriuan] o **everybody**	[évribadi]	todo el mundo

The Whole Family [de jol fámili]
(Toda la familia)

mom and dad	[mam and dad]	mamá y papá
grandfather	[grándfader]	abuelo
grandmother	[grándmader]	abuela
grandchildren	[grándchildren]	nietos
uncle	[áncol]	tío
aunt	[ant]	tía
stepparents	[stép pérents]	padrastros
stepchild	[stép chaild]	hijastro
cousin	[cásin]	primo o prima
nephew	[néfiu]	sobrino
niece	[nis]	sobrina
husband	[jásben]	esposo
wife	[uáif]	esposa
father-in-law	[fáder in lo]	suegro
mother-in-law	[máder in lo]	suegra
son-in-law	[san in lo]	yerno
daughter-in-law	[dáter in lo]	nuera
brother-in-law	[bráder in lo]	cuñado
sister-in-law	[síster in lo]	cuñada
godfather	[gádfader]	padrino
godmother	[gádmader]	madrina
godparents	[gádperents]	padrinos

*Puedes hablar mucho de la familia con **his** y **her** (su). Lee todo en voz alta. Recuerda que **her** es **de ella** y his es **de él** ¿ Puedes traducirlas?*

- Habla de la gente usando estas palabras claves:

	older.	[ólder]	mayor.
	younger.	[iánguer]	menor.
He is . . . Él es . . .	**a twin.**	[a túin]	un(a) gemelo(a).
She is . . . Ella es . . .	**married.**	[mérid]	casado(a).
	single.	[síngol]	soltero(a).
	divorced.	[divórst]	divorciado(a).
	widowed.	[uídoud]	viudo(a).

He's her husband.	*She's his wife.*
He's her father.	*She's his mother.*
He's her brother.	*She's his sister.*
He's her son.	*She's his daughter.*
He's her grandfather.	*She's his grandmother.*

¡VAMOS A REPASAR!

1. ¿Entiendes esta historia?
   Mary is Dan's girlfriend. She's in the hospital.
   She is sick. Dan is fine, but he's very worried.

2. En inglés:
   ¿Cuáles son cinco partes del cuerpo humano?
   ¿Cuáles son cinco palabras diferentes que expresan cómo te sientes?
   ¿Cuáles son cinco miembros de una familia?

3. Practica esta conversación:

How's your family?	*Everybody is O.K., thanks.*
Where are they?	*My mother and father are in Mexico. My brother and sister are here.*
Who is Alma?	*She is my wife.*
What's your brother's name?	*Roberto.*
How old is he?	*He's twenty.*

16. ¡APUESTO QUE SÍ PUEDES!

Mira los ejemplos. Escribe la palabra contraria. Después traduce y lee en voz alta:

male   <u>*female*</u>

men   <u>*women*</u>

husband _____

grandfather _____

boy _____

boyfriend _____

father _____

son _____

brother _____

uncle _____

Conecta cada palabra en inglés con su significado:

cousins	niños
buddies	casado
children	primos
parents	adolescente
nobody	compañeros
people	gente
married	padres
teenager	mamá
mom	nadie
partner	socio

(Las respuestas están en la página 188.)

A Lot of Work! [a lat af uérk]
(¡Mucho trabajo!)

La mayoría de las personas no pasan todo su tiempo en la casa con los miembros de la familia. Mucha gente se va a trabajar. Por lo tanto, necesitamos aumentar nuestro vocabulario para incluir palabras relativas al *work*. Estudia cada una y trata de crear una frase completa. Mira los ejemplos:

The Workers [de uérkers]
(Los trabajadores)

accountant	[acáutant]	contador (o contadora)	*My sister is an accountant.*
architect	[árquetect]	arquitecto	*The arquitect is from Puerto Rico.*
babysitter	[béibisiter]	cuidador de niños	*I like our babysitter.*
beautician	[biútichan]	cosmotólogo	
butcher	[búcher]	carnicero	
carpenter	[cárpenter]	carpintero	
cashier	[cachíer]	cajero	
chef	[chef]	cocinero	
clerk	[clerc]	dependiente	
dentist	[déntist]	dentista	
doctor	[dáctor]	doctor	
engineer	[inllenír]	ingeniero	
farmer	[fármer]	agricultor	
firefighter	[fáir fáiter]	bombero	
gardener	[gárdner]	jardinero	
lawyer	[lóller]	abogado	
maid	[méid]	criada	
mechanic	[mecánic]	mecánico	
musician	[miusíchan]	músico	
nurse	[ners]	enfermero	
painter	[péinter]	pintor	
plumber	[plámer]	plomero	
police officer	[polís áfiser]	policía	
programmer	[prógramer]	programador	
salesperson	[séilsperson]	vendedor	
scientist	[sáentist]	científico	

secretary	[sécretari]	secretario
soldier	[sólchier]	soldado
student	[stúdent]	estudiante
surgeon	[súrchen]	cirujano
teacher	[tícher]	maestro
technician	[tecníchan]	técnico
truck driver	[trac dráiver]	camionero
waiter	[uéiter]	mesero
worker	[uérker]	trabajador

Algunas personas "*extras*"

assistant	[asístent]	asistente
boss	[bas]	jefe
client	[cláient]	cliente
employee	[emplólli]	empleado
owner	[oúner]	dueño
employer	[emplóller]	empresario
manager	[mánayer]	gerente

Ocupaciones algo diferentes

actor	[áctor]	actor
astronaut	[ástronat]	astronauta
athlete	[átlit]	atleta
clown	[cláon]	payaso
thief	[dif]	ladrón
writer	[ráiter]	escritor
singer	[sínguer]	cantante
priest	[prist]	cura
judge	[chach]	juez

¡ESCÓGELAS Y ÚSALAS!

- *Who is the* . . . ? ¿Quién es . . . (el jefe, el cocinero, el maestro)?
- *Kim and Fred are* . . . Kim y Fred son . . . (los dueños, los clientes).
- *The* . . . *is excellent.* (El pintor, El mecánico, El atleta) . . . es excelente.

17. ¡APUESTO QUE SÍ PUEDES!

1. Traduce oralmente estas frases:

Mrs. Davis is a good lawyer.
That teacher is very busy.
My sister is an English student.
Those athletes are Mark's friends.
There are five waiters in the restaurant.
Where is the apartment manager?
Why is the policeman here?
Mike and George are my mechanics.

2. Conecta la palabra con su significado:

soldier	escritor
nurse	bombero
cashier	jardinero
writer	enfermero
firefighter	criada
gardener	cajero
maid	soldado

(Las respuestas están en la página 188.)

¡AVISOS!

- Acuérdate que las profesiones en inglés pueden referirse a un hombre o una mujer.
- ¡Usa Spanglish!
  el **overtime** [óvertaim]
  el **break** [breik]
  la **happy hour** [jápi aur]
- ¡Ordena!
  Talk to the boss! ¡Habla con el jefe!
  Cash your check! ¡Cambia tu cheque!
  Bring me the time card! ¡Tráigame la tarjeta de trabajo!

"Work, Work, Work!"

No existe realmente una manera de presentar en inglés todo el vocabulario relacionado con tu trabajo. Todos tenemos diferentes **jobs** [llabs] (trabajos), y dentro de cada **job** hay diferentes funciones. La siguiente es una colección de palabras que te pueden ayudar. Pero si necesitas saber el nombre de algo específico acerca de tu lugar de trabajo, pide ayuda a alguien que hable inglés. Recuerda esta pregunta: **What's this thing called in English?** (¿Cómo se llama esto en inglés?).

Ahora, trabajemos con estos vocablos:

debt	[det]	deuda	*There is a lot of debt.*
expenses	[ecspénses]	gastos	*He has many expenses.*
income	[íncom]	ingresos	*It is a good income.*
social security	[sóchel sequiúriti]	seguro social	
equipment	[iquípment]	equipo	
management	[mañechment]	administración	
agency	[éillensi]	agencia	
application	[apliquéichon]	aplicación	
appointment	[apóintment]	cita	
computer	[compiúter]	computadora	
contract	[cóntract]	contrato	
copier	[cópier]	copiadora	
driver	[dráiver]	chófer	
factory	[fáctori]	fábrica	
file	[fáil]	archivo	
file cabinet	[fail cábnet]	archivero	
forms	[forms]	formularios	
interview	[ínterviu]	entrevista	
machine	[machín]	máquina	
materials	[matírials]	materiales	
meeting	[mítin]	junta	
office	[áfis]	oficina	
paycheck	[péichec]	cheque de pago	
printer	[prínter]	impresora	
program	[prógram]	programa	
repair	[ripér]	reparación	
schedule	[squéchul]	horario	
time card	[táim card]	tarjeta de trabajo	
tools	[tuls]	herramientas	
training	[tréinin]	entrenamiento	
warehouse	[úerjaus]	almacén	

¡AVISOS!

- ¡Solicita!
  I would like . . .
  [ai uód laik]
  Yo quisiera . . .
  more business. [mor bísnes] más negocios.
  my vacation. [mái veiquéichon] mis vacaciones.
  insurance. [inchúrens] el seguro.
  more benefits. [mor bénefits] más beneficios.
  a position. [a posichon] un puesto.
  a career. [a caríer] una carrera.
  an opportunity. [en aportúneti] una oportunidad.
  success! [sacsés] ¡el éxito!

- ¡Conversa!
  Francisco . . .
  Mr. Smith . . .
  He . . .
  My friend . . .
  Mary . . .
  quit. [cuit] renunció.
  retired. [ritáird] se jubiló.
  is hired. [es jáyerd] está contratado(a).
  is fired. [es fáyerd] está despedido(a).
  is on leave. [es an liiv] está con permiso.

18. ¡APUESTO QUE SÍ PUEDES!

Pon las frases de inglés en orden para formar oraciones completas.
Luego léelas en voz alta dos o tres veces.

1. *at the meeting   The secretary   are   and the boss*
2. *The teacher   at the computer   and the student   are*
3. *and the clerk   The lawyer   at the office   are*
4. *are   The manager   at the factory   and the engineer*
5. *at the machine   are   and the nurse   The doctor*
6. *the schedules   Where are   and the forms?*
7. *the time cards?   the paychecks   Where are   and*

(Las respuestas están en la página 189.)

¿Y qué sabes tú de estas palabras "técnicas"?

adapter	[adápter]	adaptadora
application, app	[apliquéchon, ap]	aplicación
attachment	[attachment]	documento adjunto
cable	[québol]	cable
charger	[chárcher]	cargador
chat	[chat]	conversación, conversar
desktop	[desktap]	(de) escritorio
download	[dáunloud]	descarga, descargar
device	[diváis]	aparato
file	[fáil]	archivo, archivar
headset (or earbuds)	[jédset]	audífonos
keyboard	[quíbord]	teclado
link	[link]	enlace, enlazar
memory	[mémori]	memoria
mouse	[máus]	ratón
online	[onláin]	conectado
password	[pásuer]	contraseña
plug	[plac]	enchufe
port	[port]	puerto
print	[print]	imprimir, texto impreso
screen	[scrin]	pantalla

shut down	[chat dáun]	apagar
software	[sáftuer]	programa
system	[sístem]	sistema
tablet	[táblet]	tableta
text message	[tekst mésech]	mensaje de texto
trash (junk)	[trach]	basura
user name	[iúser ái di]	nombre del usuario
wireless	[uáierles]	inalámbrico

¿Cuántas palabras inglesas son iguales en los dos idiomas? Mira:

internet	*modem*	*website*
monitor	*laptop*	*scanner*
wifi	*iPhone*	*router*

What Do They Look Like? [uát du dey luk láik] (¿Cómo son?)

Al hablar de personas en inglés, éstas se describen igual que las cosas. Necesitas aplicar la regla del reverso. Cada vez que quieras describir a alguien, simplemente pon las palabras "al revés" en tu mente:

> Él es un **muchacho grande**.   He's a **big boy**.

Y ahora, practica con estas palabras descriptivas:

big	[big] o	
large	[larch]	grande
little	[lítel] o	
small	[smol]	pequeño
good	[gud]	bueno
bad	[bad]	malo
new	[niú]	nuevo
old	[old]	viejo
lazy	[léisi]	perezoso
hard-working	[jard-uérkin]	trabajador
ugly	[ágli]	feo
pretty	[príti]	bonito
handsome	[jánsom]	guapo
tall	[tal]	alto
long	[long]	largo
short	[chort]	bajo o corto

¡AVISOS!

- En inglés las palabras descriptivas no cambian según el género como en español.

  Por ejemplo, tenemos *feo* y *fea* . . . En inglés es solamente **ugly**.

- ¡Recuerda que las guías de pronunciación no son perfectas!

What do **you** look like?

thin	[zin]	flaco
heavy	[jévi]	pesado
crazy	[créisi]	loco
nice	[náis]	simpático
strange	[stréinch]	extraño
strong	[strong]	fuerte
weak	[uík]	débil

¡ESCÓGELAS Y ÚSALAS!

- **You are very . . .** Tú eres muy . . . (fuerte, vieja, alta).
- **He's . . .** Él es . . . (bajo, guapo, loco).
- **Is Rogelio . . . ?** ¿Es Rogelio . . . (extraño, flaco, perezoso)?

Ahora puedes describir a cualquier persona, lugar, u objeto:

She's _____

It's _____

They're _____

dumb	[dam]	tonto	comfortable	[cámforteibol]	cómodo
smart	[smart]	inteligente	fast	[fast]	rápido
bright	[bráit]	brillante	slow	[slóu]	lento
dirty	[dérti]	sucio	empty	[émpti]	vacío
clean	[clin]	limpio	full	[ful]	lleno
interesting	[íntrestin]	interesante	light	[láit]	claro
brave	[bréiv]	valiente	dark	[darc]	oscuro
dangerous	[dényeres]	peligroso	easy	[ísi]	fácil
broken	[bróquen]	roto	difficult	[díficalt]	difícil
wide	[uáid]	ancho	expensive	[expénsif]	caro
narrow	[nérou]	estrecho	cheap	[chip]	barato
smooth	[smud]	suave	hot	[jat]	caliente
rough	[raf]	áspero	cold	[cold]	frío
famous	[féimas]	famoso	hard	[jard]	duro
right	[ráit]	correcto	soft	[saft]	blando
wrong	[rong]	incorrecto	rich	[rich]	rico
available	[avéilabol]	disponible	poor	[púor]	pobre

¡ESCÓGELAS Y ÚSALAS!

- **That man is . . .** Ese hombre es . . . (rico, pobre, valiente).
- **My car is . . .** Mi carro está . . . (lleno, limpio, sucio).
- **Many people are . . .** Muchas personas son . . . (difíciles, famosas).

¡VAMOS A REPASAR!

1. Estudia y lee en voz alta:

The new manager is in the big warehouse.
Where are those three pretty nurses?
John, Donna, and Bill are three very interesting people.
Who is that tall and thin boy?
My father is nice, intelligent, and handsome.
Her arms are strong, but her legs are weak.

2. Escribe tus propias oraciones:

My country is . . .
My family is . . .

3. En inglés, ¿cuáles son tres profesiones? ¿Cuáles son tres palabras descriptivas?

¡AVISOS!

- Existen cantidades de palabras descriptivas que son fáciles de recordar porque se parecen mucho al español: *favorite, natural, sincere, popular, elegant, terrible, furious.* Ten cuidado con las engañosas: *embarrassed* (avergonzada) no significa *embarazada.*
- Para dar una descripción completa, hazlo como en español: *The house is big, red, and green.* (La casa es grande, roja y verde.)
- Ahora que estás poniendo más de dos vocablos juntos en inglés, te mereces unas palabras de ánimo: Siente orgullo por lo que has logrado hasta ahora. ¡La confianza se gana con pequeños éxitos!

19. ¡APUESTO QUE SÍ PUEDES!

Conecta los vocablos opuestos:

big	bad
pretty	long
thin	dirty
hot	little
old	ugly
hard	soft
clean	cold
good	new
short	fat

Conecta la palabra en inglés con su significado en español:

weak	fuerte
easy	barato
full	pobre
crazy	débil
cheap	fácil
strong	lleno
poor	loco

(Las respuestas están en la página 189.)

THE FAMILY

Horizontales
3. hijos
5. esposos
8. hijas
9. esposas
10. hermanos
11. sobrinos
12. primos

Verticales
1. padres
2. madres
4. abuelos
6. hermanas
7. sobrinas

(Las respuestas están en la página 189.)

CAPÍTULO *SIX*
[sics]

6

Things

[zings]

(Las cosas)

In My House . . . [in mái jaus]
(En mi casa . . .)

Como con todas las cosas, toda palabra nueva se aprende mejor a través de la experiencia. Haz que una persona te dé órdenes, las cuales tú debes obedecer, para mover, señalar, recoger, llevar, o simplemente tocar las siguientes cosas de la casa:

Move	*Point to*	*Pick up*	*Carry*	*Touch*
[muv]	[póin tu]	[pícap]	[quéri]	[tach]
Mueve	Señala	Recoge	Lleva	Toca
		the . . .		
		[de]		
		la/el		

sofa [sófa]

stereo [stério]

bathtub [bádtab]

refrigerator [rifríllereitor]

armchair [ármcher]

painting [péintin]

bookcase [búkqueis]

bed [bed]

lamp [lamp]

table [téibol]

phone [fon]

toilet [tóilet]

TV [tiví]

door [dor]

stove [stóuf]

sink [sinc]

clock [clác]

dresser [dréser]

chair [cher]

computer	dishwasher	microwave	iron
[campiúter]	[díchuacher]	[máicroweiv]	[áiron]

¡ESCÓGELAS Y ÚSALAS!

- *. . . is broken.* (La lámpara, La estufa) . . . está rota/descompuesta.
- *Where are the big, black . . . ?* ¿Dónde están las grandes y negras . . . (mesas, sillas)?
- *How much is the . . . ?* ¿Cuánto cuesta . . . (el librero, el sillón)?

More Objects in the House!
(¡Más cosas en la casa!)

rug	[rag]	alfombra
trash can	[trách can]	bote de basura
cabinets	[cábnets]	gabinetes
curtains	[quértens]	cortinas
closet	[cláset]	ropero
vacuum cleaner	[váquium clíner]	aspiradora
washer	[uácher]	lavadora
dryer	[dráier]	secadora
blender	[blénder]	licuadora
toaster	[tóuster]	tostadora
mirror	[míror]	espejo
drawers	[dróers]	cajones
shower	[cháuer]	ducha
broom	[brum]	escoba
mop	[map]	trapeador
bucket	[báquet]	balde
oven	[áven]	horno
coffee maker	[cáfi méiquer]	cafetera

20. ¡APUESTO QUE SÍ PUEDES!

Traduce y lee en voz alta:

The new rug and curtains are black and red.
Where are the large cabinets and dressers?
The oven and the stove are very dirty.
How many doors and windows are in the house?
There are many brooms and mops in the closet.

(Las respuestas están en la página 189.)

What Do You Need?
[uát du iu níd] (¿Qué necesitas?)

I need the . . .

pillow	[pílo]	almohada
blanket	[blénquet]	frazada
sheet	[chíit]	sábana
bed cover	[bed caver]	cubrecama
ironing board	[áironin bord]	tabla de planchar
towel	[táuel]	toalla
soap	[sóup]	jabón
pot	[pat]	olla
pan	[pan]	sartén
dishes	[díches]	platos
silverware	[sílveruer]	cubiertos
detergent	[diterchent]	detergente
fan	[fan]	ventilador
nightstand	[náitstand]	mesa de noche
stool	[stul]	taburete
curtains	[cúrtens]	cortinas
bench	[bench]	banco

¡ESCÓGELAS Y ÚSALAS!

- **The ... is there.**   El ... (espejo, ropero, gabinete) está allí.
- **This ... is very ugly.**   Esta ... (frazada, toalla, alfombra) es muy fea.
- **Whose ... is that?**   ¿De quién es esa ... (plancha, toalla, escoba)?

Where Is It?
[uér es et] (¿Dónde está?)

La próxima vez que no puedas encontrar algo que esté extraviado en **the house**, prepara una búsqueda con la familia. Aquí tienes algunos lugares donde posiblemente encontrarás lo que buscas:

It's in the ...			
Está en ...	**closet.**	[cláset]	el ropero.
	bedroom.	[bédrum]	el dormitorio.
	bathroom.	[bádtrum]	el cuarto de baño.
	kitchen.	[quítchen]	la cocina.
	dining room.	[dáinin rum]	el comedor.
	living room.	[lívin rum]	la sala.
	garage.	[garách]	el garaje.
	basement.	[béisment]	el sótano.
	attic.	[átic]	el desván.
	hallway.	[jáluei]	el pasillo.
	garden.	[gárden]	el jardín.
	yard.	[yard]	el patio.
	room.	[rum]	el cuarto.
	porch.	[porch]	el porche.

Si te ves en apuros domésticos, puedes expresarlos así:

There are problems with my ...

Hay problemas con mi(s)...

home.	[jom]	hogar.
apartment.	[apártment]	apartamento.
condominium.	[condomínium]	condominio.
air conditioning.	[éir condíchonin]	aire acondicionado.
keys.	[quis]	llaves.
electricity.	[ilectrísiti]	electricidad.

furniture.	[fúrnechur]	muebles.
outlets.	[áutlets]	enchufes.
gate.	[gueit]	portón.
heating.	[jítin]	calefacción.
locks.	[lacs]	cerraduras.
plumbing.	[plámin]	tubería.
lights.	[láits]	luces.
fence.	[fens]	cerca.
stairs.	[sters]	escaleras.
fireplace.	[fáirpleis]	fogón.
alarm.	[alarm]	alarma.
pipes.	[paips]	tubería.
doorbell.	[dórbel]	timbre.
faucet.	[fácet]	grifo.
wall.	[uál]	pared.

Housework Chores
[jáusuerk chors] (Los quehaceres domésticos)

Las siguientes palabras te serán útiles en el cuidado de tu casa:

Tools [tuls] (Las herramientas)

Where's the . . .?

Where is it?

drill	[dril]	taladradora
hammer	[jámer]	martillo
hose	[jóus]	manguera
ladder	[láder]	escalera
nail	[néil]	clavo
pliers	[pláiers]	alicates
rake	[réik]	rastrillo
saw	[sa]	serrucho
scissors	[sísers]	tijeras
screw	[scru]	tornillo
screwdriver	[scrúdraiver]	destornillador
shovel	[chável]	pala
wrench	[rench]	llave inglesa

Materials [matírials]
(Los materiales)

asphalt	[ásfalt]	asfalto
brick	[bric]	ladrillo
cardboard	[cárdbord]	cartón
cement	[cemént]	cemento
cloth	[clad]	tela
floor tile	[flor táil]	baldosa
metal	[métel]	metal
plastic	[plástic]	plástico
rubber	[ráber]	goma
stone	[ston]	piedra
wire	[uáier]	alambre
wood	[úod]	madera

¡VAMOS A REPASAR!

1. ¿Cuánto inglés sabes? ¿Entiendes estas frases?

The brown sofa and table are in my brother's living room.

His new hammer and saw are in the carpenter's garage.

Your friend's big refrigerator and stove are in his kitchen.

Where are the nails and screws?

How many bricks are in that wall?

Which TV is in the bedroom?

Move the tools and materials!

Carry the hose and shovel!

Pick up the keys and locks!

I lost the metal ladder!

I forgot the scissors and cloth.

I broke the floor tile in the kitchen.

¡AVISOS!

Trata estas frases maravillosas:

I lost it. *[ái lást et]* Se me perdió.

I forgot it. *[ái forgát et]* Se me olvidó.

I broke it. *[ái bróuk et]* Se me rompió.

2. Dibuja:

brick   saw   pan

nail   stairs   wall

3. Completa la siguiente lista de muebles para cada habitación:

Bedroom	_Living room_	_Kitchen_	_Bathroom_
bed	sofa	stove	toilet
_____	_____	_____	_____
_____	_____	_____	_____
_____	_____	_____	_____

Life in the Big City
[láif in de big cíti]
(La vida en la ciudad grande)

En la ciudad el inglés se escucha y se ve por dondequiera, así que dejemos la comodidad de la casa y caminemos o manejemos por los alrededores señalando y nombrando las cosas que vemos. Si alguien te ve hablando solo, no te detengas . . . ¡Será muy difícil explicar lo que estás haciendo!

Buildings [bíldins] (Los edificios)

Let's go to the . . .

bank	[benc]	banco
church	[cherch]	iglesia
coffee shop	[cáfi chop]	café
college	[cálech]	colegio
factory	[fáctori]	fábrica
fire department	[fáier dipártment]	departamento de bomberos
gas station	[gas stéichon]	gasolinera
hospital	[jáspitel]	hospital
library	[láibreri]	biblioteca
movies	[múvis]	cine
museum	[miusíum]	museo
office	[áfis]	oficina
pharmacy	[fármaci]	farmacia
police station	[polís stéichon]	estación de policía
post office	[post áfis]	oficina de correos
restaurant	[réstorant]	restaurante
school	[scul]	escuela
shop	[chop]	taller

shopping center	[chópin sénter]	centro comercial
store	[stor]	tienda
supermarket	[súpermarquet]	supermercado
warehouse	[uérhaus]	almacén
zoo	[súu]	zoológico

21. ¡APUESTO QUE SÍ PUEDES!

Conéctalas:

bank	fábrica
church	cine
factory	biblioteca
cinema	banco
library	tienda
store	iglesia

Ahora conecta inglés con inglés:

dishes	pot
garden	school
cement	silverware
nail	yard
house	home
pan	brick
college	hammer

(Las respuestas están en la página 189.)

Other Special Places [áder spéchal pléices] (Otros lugares especiales)

airport	[érport]	aeropuerto
bridge	[bridch]	puente
city block	[citi blac]	cuadra
community	[camiúniti]	comunidad
corner	[córner]	esquina
downtown	[dauntáun]	centro
elevator	[éleveitor]	elevador
floor	[flor]	piso
freeway	[fríuey]	autopista
highway	[jáiuey]	carretera
intersection	[intersécchon]	intersección
neighborhood	[néiborjud]	barrio
outskirts	[áutsquerts]	afueras
park	[parc]	parque
road	[róud]	camino
sidewalk	[sáiduak]	acera
stop sign	[estóp sain]	señal de parada
street	[strit]	calle
subway	[sábuey]	metro
town	[táun]	pueblo
traffic light	[tráfic lait]	semáforo

¡ESCÓGELAS Y ÚSALAS!

- *Excuse me. Where is the . . . ?* Disculpe. ¿Dónde está . . . (el museo, el banco, el aeropuerto)?
- *The . . . and . . . are new.* (La iglesia, El cine) . . . y . . . (la fábrica, la calle) son nuevos.
- *Mrs. Robertson is at . . .* Sra. Robertson está en . . . (la esquina, la biblioteca, la farmacia).

How Are You Getting There?
[jáo ar iú guétin der]
(¿Cómo llegas allí?)

Para viajar, necesitas:

Transportation [transportéichon]
(El transporte)

car [car]   helicopter [jélicapter]   bicycle [báisecol]

truck [trac]   scooter [escúter]   boat [bóut]

plane [pléin]   bus [bas]   train [tréin]

motorcycle [mótorsaicol]   taxi [táxi]   e-bike [ii baik]

¡ESCÓGELAS Y ÚSALAS!

- **Which is your favorite, . . . or . . . ?**   ¿Cuál es tu favorito, . . . (el autobús, el barco) o . . . (el taxi, el avión)?
- **The . . . are in the street.**   Los . . . (carros, camiones) están en la calle.
- **Lupe and Felipe are on the . . .**   Lupe y Felipe están en . . . (la bicicleta, el tren).

Más *City Life*

bar	[bar]	cantina, bar
car lot	[car lat]	lote de carros
cemetery	[sémeteri]	cementerio
parking lot	[párquin lat]	estacionamiento
pool	[pul]	piscina
skyscraper	[skáiscreiper]	rascacielos
tower	[táouer]	torre

Aquí tenemos otra información útil para el viajero:

Directions	[dairécchons]	(Las direcciones)
N *north*	[nordt]	norte ***Go north on the highway.***
S *south*	[sáudt]	sur
E *east*	[ist]	este
W *west*	[uést]	oeste

¡VAMOS A REPASAR!

¿Dónde vives? (Llena los espacios con tus datos)

City [citi] la ciudad _____

County [cáunti] el condado _____

State [stéit] el estado _____

Country [cántri] el país _____

Practica esta conversación, usando el inglés que ya has aprendido:

Excuse me, where's the post office?	***It's south on Main Street, and east on Second Street.***
Is this the bus to Main Street?	***Yes, it is.***

Ahora, lee en voz alta con otra persona:

Where's the police officer?	***She's at the police station.***
Where's the nurse?	***He's at the hospital.***
Where's the taxi?	***It's at the corner.***

 ## 22. ¡APUESTO QUE SÍ PUEDES!

Estudia y escribe las palabras que faltan:

Where are the students?	***They're at the school.***
Where are the planes?	***They're at the*** _____
Where are the waiters?	***They're at*** _____
Where are the mechanics?	***They're*** _____
Where are the animals?	_____

(Las respuestas están en la página 189.)

Nations and Nationalities [néchons and nachonáletis] (Naciones y nacionalidades)

Conocer algunos nombres de naciones y nacionali-dades en inglés es muy importante porque Estados Unidos es un país que contiene una gran mezcla de gentes de diferentes países. Fíjate bien que en inglés las nacionalidades requieren la mayúscula al escribirlas:

International English

NATION	NATIONALITY
Canada [cánada] Canadá	*Canadian* [canéidien] canadiense
China [cháina] China	*Chinese* [chainís] chino
England [ínglend] Inglaterra	*English* [ínglech] inglés
France [frans] Francia	*French* [french] francés
Germany [chérmeni] Alemania	*German* [chérman] alemán
Ireland [áirland] Irlanda	*Irish* [áirich] irlandés
Italy [ítali] Italia	*Italian* [itályan] italiano
Japan [chapán] Japón	*Japanese* [chapanís] japonés
Portugal [pórchugal] Portugal	*Portuguese* [porchuguís] portugués
Russia [rácha] Rusia	*Russian* [ráchan] ruso
Spain [spéin] España	*Spanish* [spánich] español
United States [iunáited stéits] Estados Unidos	*American* [american] norteamericano
Vietnam [vietnám] Vietnam	*Vietnamese* [vietnamís] vietnamita
Africa [áfrica] África	*African* [áfrican] africano
Asia [éisia] Asia	*Asian* [éisian] asiático
Europe [iúrap] Europa	*European* [iurapían] europeo
Middle East [mídel ist] Oriente Medio	*Middle Eastern* [mídel ístern] del Oriente Medio

Where Are You From?
(¿De dónde eres tú?)

Anota las diferencias de pronunciación. Aquí tienes algunos ejemplos:

Argentina	[archentina]	**Argentinean**	[archentínian]
Central America	[céntral américa]	**Central American**	[central américan]
Cuba	[quiúba]	**Cuban**	[quiúban]
Guatemala	[guatemala]	**Guatemalan**	[guatemalan]
Mexico	[mécsico]	**Mexican**	[mécsican]
Panama	[pánama]	**Panamanian**	[panaméinian]
Perú	[perú]	**Peruvian**	[perúvian]
Puerto Rico	[puérto rico]	**Puerto Rican**	[puérto rícan]
South America	[sáudt américa]	**South American**	[saúdt américan]

Recuerda que no tienes que cambiar la pronunciación de los países latinoamericanos. ¡Te van a entender!

I'm from . . .

Honduras, El Salvador, Colombia, Ecuador, Chile, Santo Domingo,

Uruguay, Paraguay, Venezuela, Bolivia, Costa Rica, Nicaragua

¡ESCÓGELAS Y ÚSALAS!

- ***There are beautiful cities in . . .*** Hay bellas ciudades en . . . (Francia, Europa, Inglaterra).
- ***Do you speak . . . ?*** ¿Hablas . . . (español, inglés, italiano)?
- ***They're from . . .*** Son de . . . (Canadá, Rusia, Alemania).
- ***Is she . . . ?*** ¿Es ella . . . (puertorriqueña, americana)?
- ***The food is . . .*** La comida es . . . (cubana, china).

 ## 23. ¡APUESTO QUE SÍ PUEDES!

¡Conéctalas! (¿Cómo está tu pronunciación?):

Spanish	*Italy*
European	*Japan*
English	*Germany*
Japanese	*France*
Irish	*England*
German	*Europe*
French	*Ireland*
Italian	*Spain*

(Las respuestas están en la página 189.)

Back to Nature [bac tu néichur] (Regresemos a la naturaleza)

¡Salgamos de la ciudad por un momento! Pero antes de comenzar el viaje, ¿por qué no trabajar con estas maravillas que se encuentran al alcance de nuestras manos en el jardín de la casa? Y así como hemos hecho con todas nuestras nuevas palabras y objetos, sigamos usando la técnica de "mirar, tocar, y hablar" al mismo tiempo:

Look at the . . .

branch	[branch]	rama
bush	[buch]	arbusto
dirt	[dert]	tierra
dust	[dast]	polvo
flower	[fláuer]	flor
grass	[gras]	hierba
leaf	[lif]	hoja
mud	[mad]	lodo
plant	[plant]	planta
rock	[rac]	piedra
root	[rut]	raíz
sand	[sand]	arena
seed	[sid]	semilla
stick	[stic]	palo
tree	[tri]	árbol
twig	[tuic]	palito
weed	[uíd]	hierba mala

Bugs! [bags] (¡Insectos!)

¡Con estos vocablos solo tendrás que señalar!

Point to the . . .

ant	[ant]	hormiga
bee	[bi]	abeja
beetle	[bítol]	escarabajo
fly	[flái]	mosca
mosquito	[mosquíto]	zancudo
snail	[snéil]	caracol
spider	[spáider]	araña

Animals [ánimals] (Los animales)

Touch the . . .

bird	[berd]	pájaro
cat	[cat]	gato
chicken	[chíquen]	pollo
cow	[cáo]	vaca
dog	[dag]	perro
duck	[dac]	pato
fish	[fich]	pez
goat	[góut]	chivo
horse	[jors]	caballo
mouse	[máos]	ratón
pig	[pig]	puerco
sheep	[chip]	oveja
turtle	[tertl]	tortuga

Estos **animals** no son tan **domestic**; son **wild** [uáild] (salvajes):

bear	[ber]	oso
camel	[cámel]	camello
deer	[díer]	venado
elephant	[élefant]	elefante
giraffe	[chiráf]	jirafa
hippopotamus	[jipopátamos]	hipopótamo
lion	[láion]	león
monkey	[mónqui]	mono
rhinoceros	[rainóceres]	rinoceronte
snake	[snéic]	víbora
tiger	[táiguer]	tigre
wolf	[uólf]	lobo
zebra	[síbra]	cebra

¿Estás tocando a los animals?

¡ESCÓGELAS Y ÚSALAS!

- *Move the . . . !* ¡Mueve . . . (el caballo, el árbol, la oveja)!
- *There are . . . in the garden.* Hay . . . (flores, pájaros, arbustos, moscas) en el jardín.
- *The . . . is big and strong.* (El oso, La vaca, El hipopótamo) . . . es grande y fuerte.
- *How many . . . are at the zoo?* ¿Cuántos . . . (tigres, camellos) hay en el jardín zoológico?
- *The . . . are brown.* (Las ramas, Los leones, Las arañas) . . . son pardos.
- *The . . . is my favorite.* (El mono, El perro) . . . es mi favorito.
- *The . . . is dangerous.* (El tigre, El rinoceronte) . . . es peligroso.

24. ¡APUESTO QUE SÍ PUEDES!

Traduce las siguientes frases:

Those goats are very ugly.
That camel is big and brown.
Where are the little dogs and cats?
There are many bugs in the flowers.
How many flies are in the kitchen?
The fat pigs are in the mud.
My new horse is in the yard.
The two white ducks are in the water.
The cows and sheep are in the tall grass.
The black ants are on the branches in the tree.

(Las respuestas están en la página 189.)

Ahora llevemos nuestras palabras al campo:

The Countryside
[de cántrisaid] (El campo)

Where's the . . .?

bay	[bei]	bahía
beach	[bich]	playa
coast	[cóust]	costa
desert	[désert]	desierto
forest	[fórest]	bosque
hill	[jil]	cerro
jungle	[yánguel]	selva
lake	[léik]	lago
mountain	[máonten]	montaña
ocean	[óchen]	océano
river	[ríver]	río
sea	[si]	mar
valley	[váli]	valle

 25. ¡APUESTO QUE SÍ PUEDES!

¡Hablemos de la naturaleza! Pon las frases en orden y escríbelas:

> *in the jungle.   elephants and monkeys   There are*
> *snakes and camels   There are   in the desert.*
> *There are   in the lake.   ducks and fish*
> *on the farm.   pigs and chickens   There are*
> *dogs, cats, and birds   There are   in the house!*

(Las respuestas están en la página 190.)

¡ATENCIÓN!

¿Estás leyendo en voz alta? Repasa las palabras primero, y recuerda que las guías de pronunciación no son exactas.

I'm Hungry! [áim jángri]
(¡Tengo hambre!)

Algunos nombres de la *food* [fud] (comida) pueden cambiar de región en región, pero no te pongas nervioso. En vez de eso, goza de la variedad y "come" más inglés. Además, las palabras que siguen pueden ser usadas en cualquier parte con seguridad:

Look at the . . .

beef	[bif]	carne de res
chicken	[chíquen]	pollo
crab	[crab]	cangrejo
fish	[fich]	pescado
ham	[jam]	jamón
hamburger	[jámberguer]	hamburguesa
hot dog	[ját dag]	perro caliente
lobster	[lábster]	langosta
meat	[mit]	carne
pork	[porc]	cerdo
sausage	[sásech]	salchicha
shrimp	[srimp]	camarón
steak	[stéic]	bistec
turkey	[térqui]	pavo

Enjoy! [enyói] (¡Buen provecho!)

bread	[bred]	pan
butter	[báter]	mantequilla
cake	[quéic]	torta
candy	[cándi]	dulce
cereal	[círial]	cereal
cheese	[chis]	queso
cookie	[cúqui]	galleta
egg	[eg]	huevo
gum	[gam]	goma de mascar o chicle
ice cream	[áis crim]	helado
nut	[nat]	nuez
pie	[pái]	pastel
popcorn	[pápcorn]	palomitas
rice	[ráis]	arroz
salad	[sálad]	ensalada
soup	[sup]	sopa
yogurt	[ióguert]	yogur

Acuérdate que no encontrarás todas tus comidas favoritas en estas listas:

Fruit [frut] (La fruta)

Touch the . . .

apple	[ápel]	manzana
banana	[banána]	plátano
cherry	[chérri]	cereza
grape	[gréip]	uva
grapefruit	[gréipfrut]	toronja
lemon	[lémon]	limón
orange	[óranch]	naranja
pear	[per]	pera
pineapple	[páinapel]	piña
strawberry	[stráberri]	fresa
watermelon	[uátermelon]	sandía

¡ATENCIÓN!

Hay tres comidas tradicionales en Norteamérica. Generalmente, se comen en la mañana, al mediodía y en la noche. Conjuntamente, se llaman las *meals* [mils]:
- *Breakfast* [brékfast] el desayuno
- *Lunch* [lanch] el almuerzo
- *Dinner* [díner] la cena

Vegetables [véchtebols] (Los vegetales)

beans	[bins]	frijoles
cabbage	[cábach]	repollo o col
carrot	[quérot]	zanahoria
celery	[céleri]	apio
corn	[corn]	maíz
cucumber	[quiúcamber]	pepino
lettuce	[létas]	lechuga
onion	[áñon]	cebolla
pea	[pii]	arvejita
potato	[potéito]	papa
squash	[scuách]	calabaza
tomato	[toméito]	tomate

26. ¡APUESTO QUE SÍ PUEDES!

¿Cuál es la mejor respuesta?

1. ¿Qué hay para la cena?   **A.** *Cereal, eggs, yogurt, and fruit.*

2. ¿Qué hay para el desayuno?   **B.** *Hamburgers, hot dogs, soup, and salad.*

3. ¿Qué hay para el almuerzo?   **C.** *Steak and lobster, rice, and vegetables.*

(Las respuestas están en la página 190.)

¡VAMOS A REPASAR!

En inglés . . .

¿Cuáles son tres nacionalidades? _____

¿Cuáles son tres animales domésticos? _____

¿Cuáles son tres cosas que encuentras en el campo? _____

Ahora, contesta en voz alta:

What's your favorite meal? _____

What's your favorite food? _____

Dibuja:

pear	*orange*	*fish*
banana	*hamburger*	*egg*

¡ESCÓGELAS Y ÚSALAS!

- ***There are . . . in the salad.***   Hay . . . (zanahorias, cebollas) en la ensalada.
- ***The . . . is very good.***   (La ensalada, La carne) . . . es muy sabrosa.
- ***The . . . and the . . . are good.***   (El pescado) . . . y (el pavo). . . son buenos.

In the Kitchen [in de quíchen]
(En la cocina)

Bring me the . . .	[brin mi de]	Tráeme . . . el/la
Wash the . . .	[wach de]	Lava . . . el/la
apron	[éipron]	delantal
bowl	[bóul]	plato hondo
can opener	[can ópener]	abrelatas
coffee pot	[cáfi pat]	cafetera
cup	[cap]	taza
fork	[fork]	tenedor
glass	[glas]	vaso
knife	[náif]	cuchillo
napkin	[nápquin]	servilleta
pitcher	[pícher]	cántaro
plate	[pléit]	plato
recipe	[récepi]	receta
spoon	[spun]	cuchara
tablecloth	[téibolcladt]	mantel
vase	[véis]	florero

 27. ¡APUESTO QUE SÍ PUEDES!

Lee y traduce lo siguiente. Después, si quieres, vuelve a leerlo, cambiando las comidas:

The forks and spoons are on the table.	**But where are the white napkins?**
They're in the kitchen.	**What's that?**
It's a can of corn.	**Where's the head of lettuce?**
In the refrigerator.	**When's dinner? I'm hungry!**
At six.	**That's good!**

¡Conéctalas!

bottle	**taza**
bowl	**mantel**
cup	**plato hondo**
bag	**florero**
tablecloth	**botella**
vase	**bolsa**

(Las respuestas están en la página 190.)

I'm Thirsty! [zérsti] (¡Tengo sed!)

Where's the . . . ?

beer	[bíer]	cerveza
cocktail	[cákteil]	cóctel
coffee	[cáfi]	café
juice	[chus]	jugo
lemonade	[lemonéid]	limonada
milk	[milk]	leche
milkshake	[mílkcheic]	batido
soft drink	[saf drinc]	soda
tea	[ti]	té
wine	[uáin]	vino

What Flavor? [uát fléivor] (¿Qué sabor?)

It's . . .	**sweet.**	[suít]	dulce.
Es . . .	**sour.**	[sáuer]	agrio.
	bitter.	[bíter]	amargo.
	dry.	[drái]	seco.
	salty.	[sálti]	salado.
	spicy.	[spáisi]	picante.

Special Ingredients
[spéchal ingrídients]
(Ingredientes especiales)

broth	[brad]	caldo
catsup	[quétchap]	salsa de tomate
cream	[crim]	crema
flour	[fláur]	harina
garlic	[gárlic]	ajo
honey	[jáni]	miel
mayonnaise	[méioneis]	mayonesa
mustard	[másterd]	mostaza
oil	[óil]	aceite
pepper	[péper]	pimienta
salt	[salt]	sal
sauce	[sas]	salsa
spice	[spáis]	especia
sugar	[chúgar]	azúcar

¡ESCÓGELAS Y ÚSALAS!

- ***The cream is . . .*** La crema es . . . (amarga, dulce).
- ***The sauce is very . . .*** La salsa es muy . . . (salada, picante).
- ***There's no . . . here.*** No hay . . . (cerveza, vino) aquí.
- ***Pick up the . . .*** Recoge . . . (la sal, el azúcar).

28. ¡APUESTO QUE SÍ PUEDES!

Conecta las palabras que corresponden:

knife	**wine**
beer	**sugar**
sour	**fork**
cream	**coffee**
tea	**sweet**

(Las respuestas están en la página 190.)

Let's Eat Out! [lets it áot]
(¡Vamos a comer afuera!)

I'd like . . . [áid láik] Yo quisiera . . .

something to eat [sámdin tu it] algo de comer
something to drink [sámdin tu drínc] algo de beber
today's special [tudéis spéchel] el plato del día
a menu [a méniu] el menú
the check [de chec] la cuenta
more water [mor uáter] más agua
dessert [disért] el postre

. . . **please.** [plis] por favor.

Is it . . .	**raw?**	[ro]	crudo?
¿Está . . .	**cooked?**	[cukt]	cocido?
¿Es . . .	**fried?**	[fráid]	frito?
	fresh?	[frech]	fresco?
	ripe?	[ráip]	maduro?
	rotten?	[ráten]	podrido?
	natural?	[náchural]	natural?
	organic?	[orgánic]	orgánico?
	recyclable?	[risáiclabol]	reciclable?
	vegetarian?	[vegeterian]	vegetariano?

Más frases para **The Restaurant**:

For here.	[for jíer]	Para comer aquí.
To go.	[tu go]	Para llevar.
I'm ready to order.	[áim rédi tu órder]	Estoy listo a ordenar.
I'm on a diet.	[áim on a dáiet]	Estoy a dieta.
Waitress!	[uéitres]	¡Mesera!
Waiter!	[uéiter]	¡Mesero!
Tell the cook.	[tel de cuk]	Dile al cocinero
It's delicious!	[ets dilíchas]	¡Está delicioso!
It's too cold!	[ets tu cold]	¡Está muy frío!
Do you deliver?	[du iú diliver]	¿Se puede entregar?
I ordered online.	[ai órdert anláin]	Ordené en línea.

¡AVISOS!

- Observa a la gente americana cuando ordena su comida en los restaurantes. Aprende las frases más comunes que ellos usan.
- **A tip** [tip] (propina) casi siempre es el 15 o 20 por ciento de la cuenta.

¡VAMOS A REPASAR!

Conversa:

Waiter! I'm ready to order.	*Yes, ma'am.*
I'd like today's special.	*O.K. One chicken salad special.*
Is it fresh?	*Very fresh.*
Great! And I'd like more water, please.	*No problem.*

Usa la "entrevista" en la página 45 para llenar el siguiente formulario. Pregúntale a tus amigos qué bebidas les gustan. **Do you like . . . ?** significa *¿Te gusta . . . ?* Por ejemplo, **Lupe, do you like coffee?** (Lupe, ¿te gusta el café?) **Yes.** (Sí.)

Names	coffee	beer	milk	lemonade
Lupe	*yes*	*no*	*yes*	*no*
Antonio				

What Are You Wearing? [uát ar iú uérin] (¿Qué estás usando?)

¡Vístete en inglés! La próxima vez que te estés poniendo algo, ¡nómbralo en inglés!

Touch the . . .

bathrobe	[bádtroub]	bata de baño
belt	[belt]	cinturón
blouse	[bláos]	blusa
boots	[buts]	botas
cap	[cap]	gorra
gloves	[glavs]	guantes
jacket	[cháquet]	chaqueta
jeans	[chins]	bluyín
overcoat	[óvercout]	abrigo
pants	[pants]	pantalones
raincoat	[réincout]	impermeable
scarf	[scarf]	bufanda
shirt	[chirt]	camisa
shorts	[chorts]	calzoncillos

skirt	[squert]	falda
socks	[sacs]	calcetines
stockings	[stáquins]	medias
tie	[tái]	corbata
T-shirt	[ti-chirt]	camiseta
vest	[vest]	chaleco

More Clothing! [Mor clódin] (¡Más ropa!)

Look at the . . .

bathing suit	[béidin sut]	traje de baño
dress	[dres]	vestido
hat	[jat]	sombrero
pajamas	[payámas]	piyama
shoes	[chus]	zapatos
slippers	[slípers]	zapatillas
sports coat	[spórts cóut]	saco
suit	[sut]	traje
sweater	[suéter]	suéter
sweatsuit	[suétsut]	sudadera
underwear	[ánderuer]	ropa interior

¡ESCÓGELAS Y ÚSALAS!

- *Where is Susan's . . . ?* ¿Dónde está . . . (la blusa, el traje) de Susana?
- *What color is your . . . ?* ¿De qué color es tu . . . (falda, suéter)?
- *Please pick up my . . .* Por favor recoge mis . . . (medias, corbatas).
- *How much is the . . . ?* ¿Cuánto cuesta . . . (el vestido, la bufanda)?
- *The . . . are very old.* (Los zapatos, Los guantes) . . . son muy viejos.

29. ¡APUESTO QUE SÍ PUEDES!

¡Conéctalas!

dress	zapatos
boots	corbata
cap	guantes
shirt	botas
tie	gorra
blouse	camisa
skirt	blusa
gloves	falda
shoes	vestido

(Las respuestas están en la página 190.)

Wash Your Clothes! [uách ior clóds] (¡Lava tu ropa!)

Where's the . . . ?

bleach	[blich]	blanqueador
cleaners	[clíners]	limpiadores
detergent	[ditéryent]	detergente
dirty laundry	[dérti lándri]	ropa sucia
dryer	[dráier]	secadora
hanger	[jénguer]	gancho
laundromat	[lándromat]	lavandería
stain	[stéin]	mancha
washer	[uácher]	lavadora

30. ¡APUESTO QUE SÍ PUEDES!

Como siempre, traduce y lee en voz alta:

> **Mary's new red blouse is in the washer.**
> **These new black shoes are very pretty.**
> **There's a big stain on his jacket.**
> **My favorite dress is at the cleaners.**
> **Whose brown belt is this?**
> **How much are the shorts and the pants?**
> **Please move your boots. They are on the kitchen table!**

(Las respuestas están en la página 190.)

My Jewelry [mái chúlri] (Mis joyas)

I need my . . .

bracelet	[bréislet]	brazalete	**necklace**	[néclas]	collar
brooch	[broch]	broche	**pearls**	[perls]	perlas
chain	[chéin]	cadena	**ring**	[ring]	anillo
diamonds	[dáimonds]	diamantes	**silver**	[sílver]	plata
earrings	[íerins]	aretes	**watch**	[uátch]	reloj de pulsera
gold	[gold]	oro			
jewels	[chuls]	joyas			

More Items! [mor áitems] (Más cosas)

backpack	[bácpac]	mochila	**perfume**	[pérfium]	perfume
briefcase	[brífqueis]	maletín	**purse**	[pers]	cartera
brush	[brach]	cepillo	**suitcase**	[sútqueis]	maleta
cane	[quéin]	bastón	**sunglasses**	[sánglases]	lentes del sol
comb	[cóum]	peine	**umbrella**	[ambréla]	paraguas
glasses	[gláses]	lentes	**wallet**	[uálet]	billetera
makeup	[méicap]	maquillaje			

 31. ¡APUESTO QUE SÍ PUEDES!

Conéctalas:

oro	**ring**
perlas	**cane**
bastón	**silver**
anillo	**pearls**
maleta	**comb**
plata	**gold**
peine	**suitcase**

(Las respuestas están en la página 190.)

Let's Go Shopping!
[lets go chápin]
(¡Vamos de compras!)

- **cash**   [cach]   contado
- **check**   [chec]   cheque
- **credit card**   [crédit card]   tarjeta de crédito
- **debit card**   [débit card]   tarjeta de débito
- **money order**   [máni órder]   giro postal

ATM	[eitiém]	cajero automático
bargain	[bárguen]	ganga
bill	[bil]	billete o cuenta
change	[chench]	cambio
coupon	[cúpon]	cupón
discount	[díscaunt]	descuento
down payment	[dáun péiment]	enganche
invoice	[ińvois]	factura
offer	[áfer]	oferta
payment	[péiment]	pago
price	[práis]	precio
receipt	[ricít]	recibo
sale	[séil]	venta
special	[espéchal]	especial
tax	[tacs]	impuesto

What's Your Size? [uáts iór sáis]
(¿Cuál es tu talla?)

I'm a (áim a) . . .	**small**	[smal]	chico
Soy un . . .	**medium**	[mídiam]	mediano
	large	[larch]	grande
	extra large	[éxtra larch]	extra

In the Store [in de stor] (En la tienda)

Is that all?   [es dat al]   ¿Es todo?
I like it!   [ai láik et]   ¡Me gusta!
What brand is it?   [uát brand es et]   ¿Qué marca es?
It doesn't fit.   [et dásent fit]   No me queda.
I'll take this.   [áil téik des]   Me quedo con esto.

How much does it weigh?   [jáo mách das et uéi]   ¿Cuánto pesa?
How much is it?   [jáo mách es et]   ¿Cuánto cuesta?
I want to try it on.   [ái uánt tu trái et an]   Quiero probármelo.
I have a membership.   [ái hav a mémberchip] Soy miembro/a.
Can I help you?   [can ai jelp iú]   ¿En qué puedo servirle?
Something else?   [sámzin els]   ¿Algo más?
What percent?   [uát per cent]   ¿Cuánto por ciento?
It's free.   [ets fri]   Es gratis.
It's too expensive.   [ets tu ecspénsiv]   Es demasiado caro.
It's very cheap.   [ets véri chip]   Es muy barato.
I need a clerk.   [ai nid a clerc]   Necesito un dependiente.
Where's the cashier?   [uérs de cachíer]   ¿Dónde está el cajero?
Which department?   [uích dipártment]   ¿Cuál departamento?
Which aisle?   [uích áiel]   ¿Cuál fila?

32. ¡APUESTO QUE SÍ PUEDES!

En voz alta, traduce y lee esta conversación con un amigo. Y no te preocupes si tu pronunciación no es perfecta; la gente americana igual te entenderá:

Can I help you?   *Yes, please. That silver necklace is pretty. I want to try it on.*

O.K. No problem.   *I like it! How much is it?*
Two hundred dollars.   *Fantastic! I'll take this.*
O.K. Something else?   *Yes, and this perfume.*

Ahora, cambia las palabras con otras. ¡Y diviértete!

Traduce:

Those boots and shoes are very expensive.

In which department are the jackets and sweaters?

I'll take this blouse, but this skirt doesn't fit.

(Las respuestas están en la página 190.)

Get into the Act! [guet íntu de áct]
(¡Participa en la actuación!)

Como ya sabes, la mejor manera de aprender un nuevo idioma es participando y actuando. Por eso es que los mejores programas de aprendizaje usan los mandatos como método de enseñanza:

Sing *the song*	**¡Canta** la canción
and	y
dance *the dance!*	**baila** el baile!

Para que los mandatos funcionen, necesitas tener dos participantes: uno que hable y otro que escuche. Para practicar con tus amigos y miembros de tu familia, tomen turnos dando y ejecutando órdenes o mandatos. Selecciona objetos comunes y usa los mandatos que siguen:

¡Actúalos!

Bring	[brin]	Trae		
Carry	[quéri]	Lleva		
Lower	[lóuer]	Baja		
Move	[muv]	Mueve		
Point to	[póin tu]	Señala		
Raise	[réis]	Levanta		
Touch	[tach]	Toca		
Turn off	[turn áf]	Apaga	. . . *the clothing.* [de clózin]	. . . la ropa.
Turn on	[turn án]	Prende	. . . *this.* [des]	. . . esto.
Watch	[uátch]	Mira	. . . *that.* [dat]	. . . eso.

More Commands [mor camánds]
(Más mandatos)

Ask for	[asc for]	Pide
Buy	[bái]	Compra
Call	[cal]	Llama
Check	[chek]	Revisa
Clean	[clin]	Limpia
Climb	[cláim]	Sube
Close	[clos]	Cierra
Come	[cam]	Ven
Continue	[contíniu]	Sigue

¡AVISOS!

- Muchos mandatos son expresiones en inglés. Aquí tienes unas de mis favoritas:

  Shut up! [chat ap] ¡Cállate!

  Come here! [cam jir] ¡Ven acá!

  Get out! [guet áut] ¡Véte!

  Hurry up! [jérry áp] ¡Apúrate!

- Di **please** (por favor) cuando des órdenes:

  Please, study! ¡Estudia, **por favor!**

  Please, help me! ¡Ayúdame, **por favor!**

- ¡Empieza ahora mismo! Sigue estos mandatos:

  Touch this book! **Write** your name! **Dance** the salsa!

Dance	[dans]	Baila
Drink	[drinc]	Toma
Eat	[it]	Come
Listen	[lísen]	Escucha
Look	[luk]	Mira, Fíjate
Look for	[luk for]	Busca
Open	[ópen]	Abre
Press	[pres]	Oprime
Put inside	[put insáid]	Mete
Read	[rid]	Lee
Repeat	[ripít]	Repite
Return	[ritúrn]	Regresa
Run	[ran]	Corre
See	[si]	Ve
Sell	[sel]	Vende
Send	[send]	Manda
Sign	[sáin]	Firma
Sing	[sing]	Canta
Take away	[téik ahuéy]	Quita
Take out	[téik áut]	Saca
Wash	[uách]	Lava
Write	[ráit]	Escribe

 ## 33. ¡APUESTO QUE SÍ PUEDES!

Conecta el mandato con el resto de la frase:

Drink	the name
Close	the lights
Write	the clerk
Call	the door
Turn off	the milk

(Las respuestas están en la página 191.)

The Super-Mandatos

Aquí tienes algunos de los mandatos más cortos y comunes, los cuales trabajan sin ayuda de ninguna otra palabra. Son frases que deberás decir muy rápido:

Answer me!	[ánser mi]	¡Contéstame!
Ask for it!	[asc for et]	¡Pídelo!
Calm down!	[calm dáun]	¡Cálmate!
Do it for me!	[du et for mi]	¡Házmelo!
Give it to me!	[giv et tu mi]	¡Dámelo!
Grab it!	[grab et]	¡Agárralo!
Leave it alone!	[liv et alóun]	¡Déjalo!
Let's go!	[lets go]	¡Vamos!
Pick it up!	[pic et ap]	¡Recógelo!
Plug it in!	[plag et in]	¡Enchúfala!
Pull it!	[pul et]	¡Jálalo!
Push it!	[puch et]	¡Empújalo!
Sit down!	[sit dáun]	¡Siéntate!
Stand up!	[stand ap]	¡Levántate!
Take care!	[téik quéar]	¡Cúidate!
Take it!	[téik et]	¡Tómalo!
Tell me about it!	[tel mi abáut et]	¡Cuéntamelo!
Wait up!	[uéit áp]	¡Espérate!
Wake up!	[wéik áp]	¡Despiértate!

¡AVISOS!

- En los mandatos, la misma forma se usa en inglés para dar órdenes a una o varias personas:

  Go, Juan! **¡Váyase!**

  Go, Juan and María! **¡Váyanse!**

- Cuando des órdenes o mandatos a las personas, sé amable y siempre usa **Thank you** (gracias).

34. ¡APUESTO QUE SÍ PUEDES!

¡Conéctalas!

Let's go!	¡Dámelo!
Wake up!	¡Siéntate!
Give it to me!	¡Despiértate!
Stand up!	¡Vamos!
Sit down!	¡Levántate!

(Las respuestas están en la página 191.)

119

¡VAMOS A REPASAR!

Contesta estas preguntas en inglés:

> *What are you wearing?*
> *Do you like gold and silver?*
> *How much do you weigh?*

Ahora, sigue estos mandatos:

> *Open this book.*
> *Point to the words.*
> *Read the English!*

Busca estas palabras y haz círculos alrededor de ellas.

BREAD	*CHEESE*	*COOKIES*
EGG	*FRUIT*	*HAMBURGER*
MEAT	*RICE*	*SAUSAGE*
SOUP	*TURKEY*	*VEGETABLES*

FOODS

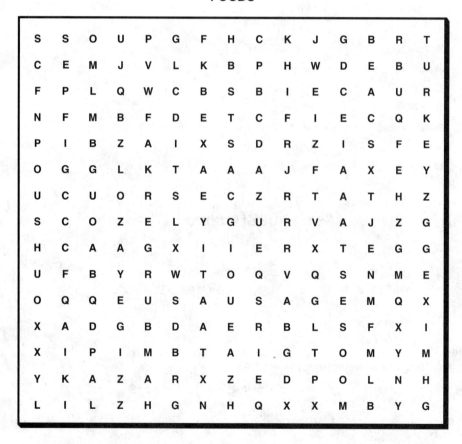

```
S  S  O  U  P  G  F  H  C  K  J  G  B  R  T
C  E  M  J  V  L  K  B  P  H  W  D  E  B  U
F  P  L  Q  W  C  B  S  B  I  E  C  A  U  R
N  F  M  B  F  D  E  T  C  F  I  E  C  Q  K
P  I  B  Z  A  I  X  S  D  R  Z  I  S  F  E
O  G  G  L  K  T  A  A  A  J  F  A  X  E  Y
U  C  U  O  R  S  E  C  Z  R  T  A  T  H  Z
S  C  O  Z  E  L  Y  G  U  R  V  A  J  Z  G
H  C  A  A  G  X  I  I  E  R  X  T  E  G  G
U  F  B  Y  R  W  T  O  Q  V  Q  S  N  M  E
O  Q  Q  E  U  S  A  U  S  A  G  E  M  Q  X
X  A  D  G  B  D  A  E  R  B  L  S  F  X  I
X  I  P  I  M  B  T  A  I  G  T  O  M  Y  M
Y  K  A  Z  A  R  X  Z  E  D  P  O  L  N  H
L  I  L  Z  H  G  N  H  Q  X  X  M  B  Y  G
```

(Las respuestas están en la página 191.)

CAPÍTULO *SEVEN*
[séven]

7

Action!

[ácchen]

(¡Acción!)

Estamos entrando al próximo nivel de aprendizaje del inglés. Por favor, lee lo siguiente con mucho cuidado.

Un anuncio importante

En las páginas anteriores ya hemos tratado el vocabulario básico en inglés. Ahora, comenzaremos a explicar en este libro los usos de las "palabras de acción" (verbos). Por favor, continúa sin temor. No estaremos haciendo muchos ejercicios de gramática. Estudiaremos solamente unas sugerencias prácticas y varias listas de palabras que te ayudarán muchísimo. Todo será muy fácil de entender porque no trabajaremos con aquellos detalles que para nuestros propósitos son innecesarios. ¡Sólo aprenderemos lo más importante!

Como ya sabemos, los errores al hablar son muy normales. No vas a mejorar si no pruebas. Así que vamos. ¡Adelante con tu inglés! Piensa positivamente, no te preocupes de cada palabra y usa solamente lo que necesites.

Action Information!

En inglés todas las palabras de acción son **muy distintas** y tienes que recordar cada una. Compara estos ejemplos:

hablar	*speak*	[spik]	correr	*run*	[ran]
trabajar	*work*	[uérk]	comer	*eat*	[it]
manejar	*drive*	[dráiv]	escribir	*write*	[ráit]

Y como con todas las palabras en inglés, no se pronuncian como se escriben. Así que necesitas saber la pronunciación de cada una. Sin embargo, todas las "formas" (o tiempos) de una acción repiten la misma palabra clave. Vamos a ver un buen ejemplo:

Work!	¡**Trabaj**a!
*I'm work*ing.	Estoy **trabaj**ando.
*I work*ed.	**Trabaj**é.
*Joe work*s.	José **trabaj**a.

(Si alguien menciona cualquier frase con *work*, ¡tiene algo que ver con trabajar!)

Para entender lo que te están diciendo, escucha en la frase la palabra que incluye la acción.

Un paso gigante hacia la fluidez con *Am, Is, Are*

Las frases cortas son fantásticas si quieres hablar poco. Pero para tener una **normal conversation**, necesitarás las útiles palabras **am, is** y **are**. Éstas se derivan de **to be**, que en español se traduce a *ser* y *estar*. Ya las hemos estudiado un poco, pero ahora . . . ponles mucha atención:

I am . . .	Yo soy/estoy
You **are** . . .	Tú eres/estás
He o *She* **is** . . .	Él o Ella es/está

¡ATENCIÓN!

Si tienes interés en el estudio de todas las formas de los verbos, cómprate un texto de gramática o inscríbete en una clase. Pero si quieres sólo poder comunicarte usando las palabras de acción de una manera muy simple, aplica toda la información que sigue.

Mira los diferentes usos:

John **is** *very big.*   Juan **es** muy grande. (descripción)

Mary **is** *in the taxi.*   María **está** en el taxi. (ubicación)

Are *you sad?*   ¿**Estás** triste? (sentimientos)

I **am** *Victor.*   **Soy** Víctor.   (nombres)

Is *she a doctor?*   ¿**Es** ella doctora?   (ocupación)

Mrs. Torres **is** *from Cuba.*   La Sra. Torres **es** de Cuba. (origen)

She **is** *Puerto Rican.*   Ella **es** puertorriqueña. (nacionalidad)

Who **is** *working?*   ¿Quién **está** trabajando? (acción)

You **are** *my friend.*   **Eres** mi amigo. (información)

Y recuerda que muchos americanos aplican la regla de combinar con **am, is, are**:

I'm *a student.*

You're *correct.*

He's *Mexican.*

She's *intelligent.*

Lupe's *in the office.*

Lee esta parte dos o tres veces.

- A veces **am**, **is**, **are** no corresponden a *ser* o *estar*. Observa:

  I am 26.   Yo **tengo** 26 años.

  She's *cold.*   Ella **tiene** frío.

  He **is** *hot.*   Él **tiene** calor.

  Is *Ann afraid?*   ¿**Tiene** miedo Ana?

  Are *you hungry?*   ¿**Tienes** hambre?

I'm in a hurry.   **Tengo** prisa.

*There **is** a problem.*   **Hay** un problema.

*There **are** two apples.*   **Hay** dos manzanas.

- Usa *is* cuando hablas de *it* (una cosa):

  It is a chair.   Es una silla.

  It's a pencil.   Es un lápiz.

  It's my house.   Es mi casa.

  It is important.   Es importante.

  Where is it?   ¿Dónde está?

  It's cold.   Hace frío.

  It's five o'clock.   Son las cinco.

- Para hacer las preguntas con *am*, *is* o *are* en inglés, pon estas palabras antes de todo, y sube la voz al final de la frase:

  Is Alfred a STUDENT?

  Is it IMPORTANT?

  Are you O.K.?

  Are you a POLICE OFFICER?

- ¡Buenas noticias! Parece que todos los latinos aprenden *am*, *is* y *are* muy rápido.

Adelante con *Are*

Are es muy importante en inglés. Aunque lo puedes usar con *You* (tú), lo decimos también cuando hablamos de "más de uno" (ustedes, ellos, nosotros, etc.):

*You **are** my friends.*	Ustedes son mis amigos.
*They **are** Cubans.*	Ellos son cubanos.
*We **are** intelligent.*	Somos inteligentes.
***Are** the boys thirsty?*	¿Tienen sed los chicos?
*The books **are** on the table.*	Los libros están en la mesa.
*You**'re** secretaries.*	Ustedes son secretarias.
*They**'re** good cars.*	Son buenos carros.
*We **are** here.*	Estamos aquí.

35. ¡APUESTO QUE SÍ PUEDES!

A ver si puedes traducir algunas frases del inglés al español:

I am a student. _____.

He is American. _____.

You are my friend. _____.

Kathy is in the hospital. _____.

The students are intelligent. _____.

Felipe and Pancho are 16. _____.

We are very happy. _____.

Are you and John hot? _____?

Is it ten fifteen? _____?

Is there a problem? _____?

Llena los espacios en blanco con *am, is,* o *are:*

My friend _____ *an excellent dentist.*

The plates _____ *in the dining room.*

The clouds in the sky _____ *dark and gray.*

Mary's party _____ *at 7:30 tonight.*

I _____ *twenty, and he* _____ *thirty.*

Those short black dogs _____ *very dangerous.*

We _____ *tired, hungry, and thirsty.*

_____ *your brothers in the mountains?*

(Las respuestas están en la página 191.)

Not [nat]

Ponemos *not* después de *am*, *is* y *are* para decir *no*:

*I am **not** American.*	**No** soy americana.
*She is **not** in the house.*	Ella **no** está en la casa.
*We are **not** thirsty.*	**No** tenemos sed.

Y puedes juntar palabras con la regla de combinar:

He **isn't** here.	Él **no está** aquí.
We **aren't** Spanish.	**No somos** españoles.
It **isn't** a problem.	**No es** un problema.
There **aren't** any books.	**No hay** libros.
There **isn't** any water.	**No hay** agua.
This **isn't** big.	Esto **no es** grande.
That **isn't** small.	Eso **no es** pequeño.
These **aren't** my pens.	Estas **no son** mis plumas.
Those **aren't** my pencils.	Esos **no son** mis lápices.

36. ¡APUESTO QUE SÍ PUEDES!

Pon las palabras en orden:

here Villa Mr. isn't. _____

chairs blue aren't The. _____

from not I'm Chile. _____

important not It's. _____

soda isn't my This. _____

Cambia estas frases del afirmativo al negativo:

I am from Spain.	I am **not** from Spain
Charlie is my brother.	Charlie is **not** my brother
We are in the hospital.	_____.
It is seven o'clock.	_____.
They are hungry.	_____.

(Las respuestas están en la página 191.)

Don't! [dont]

Durante tu aprendizaje de inglés, vas a descubrir muchos usos de la palabra **not**. Por ejemplo, ésta se combina con **do** [du] para hacer la palabra **don't**, la cual se usa en muchas expresiones y frases populares.

Don't, cuando se encuentra enfrente de las palabras de acción, significa *no*:

Don't run!	[dont ran]	¡No corras!
Don't smoke!	[dont smok]	¡No fumes!
Don't walk!	[dont uák]	¡No camines!
Don't worry!	[dont uéri]	¡No te preocupes!
Don't be afraid!	[dont bi afréid]	¡No tengas miedo!
Don't do it!	[dont du et]	¡No lo hagas!

Y cuando pones las palabras personales enfrente de **don't**, mira lo que pasa:

I **don't** have it.	[ái dont jav et]	No lo tengo.
You **don't** need it.	[iú dont nid et]	No lo necesitas.
I **don't** like it.	[ái dont láik et]	No me gusta.
They **don't** believe it.	[dei dont bilív et]	No lo creen.
We **don't** want it.	[uí dont uánt et]	No lo queremos.
I **don't** know.	[ái dont nóu]	No sé.
You guys **don't** understand.	[iú gáis dont anderstánd]	Uds. no entienden.

Usa **doesn't** [dásent] para decir *no* con las palabras de acción cuando hablas de una sola persona o cosa:

Lupe **doesn't** work.	Lupe no trabaja.
Bob **doesn't** smoke.	Roberto no fuma.
My car **doesn't** move.	Mi carro no se mueve.
The store **doesn't** close.	La tienda no cierra.
It **doesn't** matter.	No importa.

 ## 37. ¡APUESTO QUE SÍ PUEDES!

Llena los espacios con **don't** o **doesn't**:

I _____ like chocolate.

Sandra _____ like her new phone.

We _____ want new shoes.

She _____ want that app.

They _____ need an apartment.

You _____ need a cat.

He _____ understand English.

(Las respuestas están en la página 191.)

Do You Have It? [du iú jav et] (¿Lo tienes?)

Have generalmente significa *tener*, y es una de las palabras de más valor en el idioma inglés. Es necesaria para sobrevivir en todos los idiomas, porque siempre hay algo que deseamos *tener*:

Do you **have** water?   ¿Tienes agua?

I don't **have** food.   No tengo comida.

You guys **have** a house.   Ustedes tienen una casa.

We **have** a problem.   Tenemos un problema.

Do they **have** it?   ¿Lo tienen ellos?

Have fun!

Has [jas]

Has es una forma de **have**, significa *tiene*, y la usas cuando hablas de una sola persona o cosa. Por ejemplo:

Tina **has** a book.   Tina **tiene** un libro.

My car **has** gas.   Mi carro **tiene** gasolina.

The U.S.A. **has** fifty states.   Estados Unidos **tiene** cincuenta estados.

¡VAMOS A REPASAR!

Primero lee lo que sigue en voz alta, y después escribe la traducción en español:

Don't smoke in the house! _____

We don't like hot food. _____

I don't speak much English. _____

My mother doesn't live in Mexico. _____

That laptop doesn't work well. _____

He doesn't want the shirt. _____

Do you have friends? _____

I have a big problem. _____

They don't have the money. _____

Francisco doesn't have a job. _____

Mary's sister doesn't have a dog. _____

Does your father have a white car? _____

38. ¡APUESTO QUE SÍ PUEDES!

Llena los espacios en blanco con *have* o *has*:

We _____ a very large yard.

That teacher _____ three new students.

Her blue suit _____ a pretty jacket.

This tree _____ many long branches.

I _____ a new big screen in my bedroom.

The chicken soup _____ a sour taste.

Do they _____ a red truck?

Mrs. Miller _____ four brothers and five sisters.

(Las respuestas están en la página 191.)

The Great Secret [de gréit sícret] (El gran secreto)

El gran secreto para hablar mucho inglés es que debes saber usar muchas palabras de acción. Juguemos con unas cuantas acciones. Simplemente di, **Please** . . . (Por favor).

Please . . . (Por favor)

watch	[uátch]	mirar

Please watch the video.

pay	[péi]	pagar

Please pay the cashier.

buy	[bái]	comprar
carry	[quérri]	llevar
close	[clóus]	cerrar
come	[cam]	venir
dance	[dans]	bailar
drink	[drinc]	beber
drive	[dráif]	manejar
eat	[it]	comer
go	[go]	ir
leave	[liiv]	salir
live	[lif]	vivir
open	[ópen]	abrir
play	[pléi]	jugar
pull	[pul]	jalar
push	[puch]	empujar
read	[rid]	leer
return	[ritérn]	volver
run	[ran]	correr
sell	[sel]	vender
sleep	[slip]	dormir
speak	[spik]	hablar
study	[stádi]	estudiar
walk	[uác]	caminar
wash	[uách]	lavar
work	[uérk]	trabajar
write	[ráit]	escribir

¡Hay una lista de los verbos irregulares en inglés al final de este libro!

Please read!

I Speak English!

Muchas de las formas básicas de las palabras de acción pueden ser usadas para comunicar tus ideas:

I **work** there.	Trabajo allí.
You **work** there.	Trabajas allí.
They **work** there.	Trabajan allí.
We **work** there.	Trabajamos allí.

¿Te das cuenta? ¡Solamente necesitas **work** para hablar de mucha gente!

Pero, cuando se habla de una sola cosa o persona, la forma básica cambia: se necesita una **s** al final.

He work**s** there.	Él trabaja allí.
She work**s** there.	Ella trabaja allí.

Más ejemplos:

My car work**s** O.K.	Mi carro funciona bien.
It work**s** great!	¡Funciona excelente!
No one work**s** today.	Nadie trabaja hoy.

Otras palabras de acción cambian un poco cuando una sola persona hace la acción. Por ejemplo:

I fish.	We try.	They go.
Ed fish**es**.	Mr. Sanchez tri**es**.	She go**es**.

 39. ¡APUESTO QUE SÍ PUEDES!

¡Cámbialas!

I work. José works _____.

I drive. She _____.

I play. Paula _____.

I write. He _____.

I walk. Mr. Smith _____.

(Las respuestas están en la página 191.)

Do [du] *and Does* [das]

Como nosotros ya sabemos, las palabras *don't* y *doesn't* siempre son usadas en inglés para expresar *que no,* y las ponemos antes de las palabras de acción. Las palabras *do* y *does* también son importantes. Se usan para formular preguntas. Mira los ejemplos que siguen:

Where *do* you live?	¿Dónde vives?
I *don't* live here.	[No vivo aquí.]
Do they like milk?	¿Les gusta la leche?
No, they *don't*. They like juice.	[No. Les gusta el jugo.]
What *do* you want?	¿Qué quieres?
I *don't* want anything	[No quiero nada.]
Does she eat fish?	¿Come ella pescado?
No, she *doesn't*. She eats pork.	[No. Ella come cerdo.]
When *does* he work?	¿Cuándo trabaja él?
He *doesn't* work today.	[No trabaja hoy.]
Does Mary dance well?	¿Baila bien María?
No, she *doesn't*. She sings.	[No. Ella canta.]

Y también se emplean en afirmaciones. Por eso, cuando te pregunten algo, ¡escucha por *do* y *does*!

Do you understand?	Yes, I *do*!
Does Nancy understand?	Yes, she *does*.

 40. ¡APUESTO QUE SÍ PUEDES!

Llena los espacios en blanco con *do* o *does:*

_____ you eat a lot of fruit?

_____ Ed speak Spanish?

_____ they have bicycles?

What _____ Philip want?

Where _____ you guys live?

When _____ we work?

(Las respuestas están en la página 191.)

¡Adelante con las acciones!

Todos los días aprenderás más y más palabras de acción. Aquí
tienes algunas de mis favoritas, las cuales escucharás por todas
partes:

answer	[ánser]	contestar	**hit**	[jit]	pegar
arrange	[aréinch]	arreglar	**join**	[chóin]	juntar
ask	[ask]	preguntar	**kiss**	[quis]	besar
attend	[aténd]	asistir	**learn**	[lern]	aprender
avoid	[avóid]	evitar	**lend**	[lend]	prestar
begin	[biguín]	empezar	**listen**	[lísen]	escuchar
bet	[bet]	apostar	**look for**	[luk for]	buscar
break	[bréic]	quebrar	**lose**	[lus]	perder
chat	[chat]	charlar	**love**	[lav]	amar
clean	[clin]	limpiar	**put**	[put]	poner
climb	[cláim]	subir	**receive**	[recív]	recibir
cook	[cuk]	cocinar	**rest**	[rest]	descansar
cry	[crái]	llorar	**ride**	[ráid]	montar
cut	[cat]	cortar	**save**	[séiv]	ahorrar o salvar
die	[dai]	morir	**sing**	[sing]	cantar
dream	[drim]	soñar	**spend**	[spend]	gastar
email	[îimeil]	mandar email	**stop**	[stap]	parar
enjoy	[enchói]	disfrutar	**survive**	[serváiv]	sobrevivir
fight	[fáit]	pelear	**swim**	[suím]	nadar
find	[fáind]	encontrar	**take**	[téik]	tomar
fix	[fix]	reparar	**tell**	[tel]	decir
fly	[flái]	volar	**text**	[tecst]	mandar texto
forget	[forguét]	olvidar	**touch**	[tach]	tocar
give	[guiv]	dar	**try**	[trái]	tratar
grow	[gróu]	crecer	**use**	[iús]	usar
guess	[gues]	adivinar	**weigh**	[uéi]	pesar
hate	[jéit]	odiar	**wish**	[uích]	desear
help	[jelp]	ayudar	**yell**	[iél]	gritar

41. ¡APUESTO QUE SÍ PUEDES!

¡Conéctalas!

dream	nadar
fight	encontrar
find	llorar
help	cortar
swim	besar
cut	soñar
cook	ayudar
kiss	pelear
cry	cocinar

(Las respuestas están en la página 192.)

Super-Actions!

No es posible explicar en este libro todas las formas de las *action words* en inglés. Pero, cuando empieces a tener más confianza, aprenderás muchas más por ti mismo. Por lo pronto, hay unas super-frases que puedes poner enfrente de las palabras de acción para expresarte mejor:

I like to . . .	[ái láik tu]	Me gusta		
I have to . . .	[ái jav tu]	Tengo que	. . . *work.*	trabajar.
I need to . . .	[ái nid tu]	Necesito	. . . *eat.*	comer.
I want to . . .	[ái uánt tu]	Quiero	. . . *go.*	ir.
I should . . .	[ái chud]	Debo	. . . *sleep.*	dormir.
I can . . .	[ái can]	Puedo		

¡ESCÓGELAS Y ÚSALAS!

- *I . . . go.*   Yo . . . (tengo que, necesito, puedo) ir.
- *They . . . study.*   Ellos . . . (deben, quieren) estudiar.
- *I want to* . . .   Quiero . . . (empezar, escuchar).
- *We like to* . . .   Nos gusta . . . (montar, volar, descansar).
- *They need to* . . .   Necesitan . . . (cocinar, ayudar, tratar).
- *Dave cannot* . . .   David no puede . . . (pelear, sobrevivir).

What Are You Doing? [uát ar iú dúin] (¿Qué estás haciendo?)

Ahora que entendemos la importancia de las palabras de acción, vamos a aprender una forma sencilla para usarlas en conversaciones prácticas.

Las tres letras *ing* al final de una palabra casi siempre nos dicen que una acción está pasando en el momento presente:

I'm working.	Estoy trabajando.
John is speaking.	Juan está hablando.
They're dancing.	Están bailando.

Lo único que necesitas para usar esta terminación es una palabra de acción. Mira los ejemplos siguientes:

eat	comer	*eating*	comiendo
play	jugar	*playing*	jugando
learn	aprender	*learning*	aprendiendo

Empecemos con *am*, *is* y *are* para hacer oraciones completas:

I am eating.	Yo estoy comiendo.
She is playing.	Ella está jugando.
We are learning.	Nosotros estamos aprendiendo.
He's dancing.	Él está bailando.
They are studying.	Ellos están estudiando.

¡AVISOS!

- Tal vez has notado que al usar *-ing* hay unos cambios en la forma escrita de algunas palabras de acción: *danc**e**, danc**ing***. Pero no te preocupes por eso; la pronunciación de las palabras de acción es lo más importante por ahora.

- Recuerda que en inglés siempre necesitas incluir las palabras personales:
  *Are **you** working at the market?*
  She's not running in the park.
  ***They** are not speaking Spanish.*
  I am making a hat.

42. ¡APUESTO QUE SÍ PUEDES!

¡Traduce y practica esta conversación con tus amigos! Cambia las palabras, si quieres:

Where's Mary?   *She is working. She's cleaning tables and washing dishes at the Italian restaurant.*

Ahora, traduce y lee en voz alta:

Bill and Cecilia are kissing in the car.

My father isn't listening to the podcast.

The baby is crying, and his sister is yelling.

Those trees in the garden are growing fast.

Is the manager using a printer in the office?

Tom is listening to us and answering our questions.

(Las respuestas están en la página 192.)

¡ESCÓGELAS Y ÚSALAS!

- *Who is . . . ?* ¿Quién está . . . (jugando, pagando, comiendo)?
- *We're not . . .* No estamos . . . (yendo, manejando, limpiando).
- *I'm . . . now.* Estoy . . . (trabajando, aprendiendo) ahora mismo.
- *Are you . . . ?* ¿Estás . . . (saliendo, volviendo)?
- *Anne isn't . . .* Ana no está . . . (corriendo, visitando).
- *My friend is . . .* Mi amigo está . . . (gritando, caminando).
- *Are the boys . . . ?* ¿Están los muchachos . . . (jugando, cantando)?
- *We aren't . . .* No estamos . . . (gastando, mandando textos).
- *I am . . . my car.* Estoy . . . (reparando, buscando) mi carro.

¡AVISOS!

Cuando hablamos en español, ponemos varias palabras pequeñas al lado de las **action words**. Nota la traducción y posición de "las chiquitas":

I see it. **Lo** veo.

She's calling me. **Me** está llamando.

You're telling us. **Nos** estás diciendo.

He writes you. **Te** escribe.

We're asking them. **Les** estamos preguntando.

Mary's texting him. Mary **le** está mandando un texto.

¡VAMOS A REPASAR!

1. Traduce y pronuncia en voz alta:

Geraldo watches TV in the afternoon.

Mrs. Smith tries to sleep on the sofa at night.

We don't work at the factory every day.

She doesn't go to school on Sundays.

Do you speak Spanish or Italian?

Does your friend drink coffee or tea?

2. ¡Practica!

He sings.	*He doesn't sing.*	*Does he sing?*
She dances.	*She doesn't dance.*	*Does she dance?*
Jim reads.	*Jim doesn't read.*	*Does Jim read?*

3. ¡Conversa!

Where do you work?	*At the supermarket. And you?*
I don't work. I'm a student.	*Really? Where do you go to school?*
At the university.	*What do you study?*
Art and music.	*That's great!*

I'm Going! [áim góin] (¡Me voy!)

Algo importante ocurre cuando cambiamos *go* (ir) a la palabra *going*; ésta tiene **dos usos** muy poderosos en inglés:

1. Se usa *going* para contestar la pregunta ¿Adónde vas?

*I'm **going** to Puerto Rico.*   Voy a Puerto Rico.

2. Y se usa *going* para decir qué vas a hacer.

*I'm **going** to dance!*   ¡Voy a bailar!

Mira estos otros casos:

*You are **going to** my hotel.*

*He's **going to** the restaurant.*

*She's **going to** eat.*

*We're **going to** drive.*

Going to the Future [góin tu de fiúchur] (Procediendo al futuro)

En lo que antecede habrás notado que a veces *going* incluye la palabra *to*. *Going to . . .* es una forma que usamos para hablar del futuro: *I'm **going to** study tomorrow* (Voy a estudiar mañana).

Pero existe otra manera más sencilla en inglés para hablar del futuro. Observa lo que puedes hacer combinando algunas palabras de acción con *will* y *won't*:

*I **will** clean.*	[ái uíl clin]	Limpiaré.
*He **will** play.*	[ji uíl pléi]	Jugará.
*We **will** go.*	[uí uíl go]	Iremos.
*They **won't** eat.*	[déi uónt it]	No comerán.
*She **won't** sell.*	[chi uónt sel]	No venderá.
*You **won't** know.*	[iú uónt nóu]	No sabrás.

43. ¡APUESTO QUE SÍ PUEDES!

Repasa y revisa los usos de las palabras de acción:

What do you do?	¿Qué haces?
What are you doing?	¿Qué estás haciendo?
What are you going to do?	¿Qué vas a hacer?
I **work** a lot.	Trabajo mucho.
I'm **working** now.	Estoy trabajando ahora mismo.
I'm **going to work** later.	Voy a trabajar más tarde.

¿Cuánto inglés sabes? Traduce:

I'm going to Argentina. _____.

We're not going to Texas. _____.

Fred is going to run. _____.

Mrs. Edwards isn't going to cook. _____.

We will dance at the club. _____.

We won't drive to the desert. _____.

What are you going to do? _____.

Where are you going? _____.

(Las respuestas están en la página 192.)

What Were You Doing? [uát uéar iú dúin] (¿Qué estabas haciendo?)

Aunque hay numerosas frases para hablar de lo pasado, por ahora tú sólo necesitas dos palabras sencillas:

was [uoás]

I **was** sick.	Yo estaba enfermo.
She **was** there.	Ella estaba allí.
He **was** at home.	Él estaba en casa.

were [uéar]

*You **were** right.*	Estabas correcto.
*They **were** good.*	Estaban buenos.
*We **were** lost.*	Estábamos perdidos.

Estas dos palabras son muy fáciles de usar porque ya has aprendido cómo usar el ***ing*** con las palabras de acción. Lee estos ejemplos:

*I was **playing** tennis.*	Yo estaba jugando tenis.
*Mary **was** not **dancing**.*	María no estaba bailando.
***Were** they **kissing**?*	¿Se estaban besando ellos?
*The plants **were growing**.*	Las plantas estaban creciendo.

 44. ¡APUESTO QUE SÍ PUEDES!

¿Entiendes la diferencia? Llena el espacio con ***was*** o ***were***:

My friends are reading.	*My friends were reading.*
I am not talking.	*I _____ not talking.*
Bill is sleeping.	*Bill _____ sleeping.*
We are cooking.	*We _____ cooking.*
Are you watching TV?	*_____ you watching TV?*

(Las respuestas están en la página 192.)

Escribe tus propias oraciones aquí:

_____

_____

_____

 ¡AVISOS!

Existen palabras que van muy bien con las palabras de acción porque expresan cómo hacemos las cosas. Todas ellas terminan con **ly**:

briefly [brífli]
brevemente

correctly [coréctli]
correctamente

effectively [iféctivli]
efectivamente

immediately [imídiatli]
inmediatamente

sincerely [sincírli]
sinceramente

usually [iúsuali]
usualmente

Estudia estos ejemplos:

*We speak **sincerely**.* Hablamos sinceramente.

*John wasn't working **effectively**.* Juan no estaba trabajando efectivamente.

*They're reading **perfectly**.* Ellos están leyendo perfectamente.

***Usually** it rains.* Usualmente llueve.

¿Estás leyendo con cuidado?

What Happened? [uát jápend] (¿Qué pasó?)

Desafortunadamente, en inglés hay muchas maneras de contar nuestras experiencias pasadas. Estas formas las aprendemos después de estudiar y practicar mucho, o al tomar clases de gramática. Por lo tanto, para los que no saben mucho inglés, es mejor usar sólo las palabras importantes. Así se les facilitará la comunicación de sus ideas.

Créeme, estas palabras te serán útiles inmediatamente:

did	[did]	hice, hiciste, hizo, hicimos, hicieron
went	[uént]	fui, fuiste, fue, fuimos, fueron
had	[jad]	tenía, tenías, tenía, teníamos, tenían
said	[sed]	dije, dijiste, dijo, dijimos, dijeron

Además las puedes usar con todo el mundo:

I **did** the work.	Yo hice el trabajo.
He **went** to the park!	¡Él fue al parque!
She **had** a problem.	Ella tenía un problema.
They **said** no!	¡Ellos dijeron que no!

Aquí siguen unas más:

			Yesterday I . . .	(Ayer yo . . .)
beber:	**drink**	[drinc]	. . . **drank**	[dranc]
comer:	**eat**	[it]	. . . **ate**	[éit]
comprar:	**buy**	[bái]	. . . **bought**	[bat]
escribir:	**write**	[ráit]	. . . **wrote**	[róut]
hacer:	**make**	[méik]	. . . **made**	[méid]
leer:	**read**	[rid]	. . . **read**	[red]
manejar:	**drive**	[dráiv]	. . . **drove**	[drov]
pagar:	**pay**	[péi]	. . . **paid**	[péid]
tomar:	**take**	[téik]	. . . **took**	[tuk]
vender:	**sell**	[sel]	. . . **sold**	[sold]
ver:	**see**	[si]	. . . **saw**	[sa]

¡AVISOS!

- No todas las palabras del "pasado" son tan raras (irregulares). La mayoría de ellas son consistentes (regulares) y tienen las letras **ed** al final:
  I work**ed**. [uérkt] Trabajé.
  They play**ed**. [pléid] Jugaron.
  He plant**ed**. [plánted] Plantó.

- Existen muchas palabras claves en tiempo pasado. En este libro sólo aparecen las más importantes. Si deseas otras, consulta un libro de estudio.

- ¿Recuerdas las palabras **do** y **does**? Usa **did** de la misma manera para hablar del pasado:
  Do you drive? ¿Manejas?
  Did you drive? ¿Manejaste?
  Does she sing? ¿Canta ella?
  Did she sing? ¿Cantó ella?

45. ¡APUESTO QUE SÍ PUEDES!

Use más papel si es necesario. ¡Practica! Cámbialas a lo pasado:

I eat salads. *I ate salads.* _____

We sell vegetables. _____

Linda goes to church. _____

He drives a bus. _____

They drink wine. _____

Bob has fantastic parties! _____

Traduce, por favor:

What happened at 12:00?

Pete and I did the work in the garden.

They had a party at the hotel.

Everybody went to the movies.

Mr. and Mrs. Thomas bought the car.

The children played in the park on Saturday.

We wrote a lot in our English class.

My brother ate the sandwich and drank the milk.

Did you drive your car yesterday?

I didn't go to church at nine o'clock.

(Las respuestas están en la página 192.)

¡ESCÓGELAS Y ÚSALAS!

• *I . . . it.*   Yo lo . . . (tenía, dije, hice).
• *She's writing . . .*   Ella está escribiendo . . . (perfectamente, correctamente).
• *. . . cooking.*   (Estábamos, Estabas) . . . cocinando.
• *They . . .*   Ellos . . . (limpiarán, trabajarán, bailarán).
• *. . . San Francisco.*   (Vamos a, Voy a) . . . San Francisco.
• *. . . play tennis.*   (Van a, Vas a) . . . jugar tenis.
• *Does . . . ?*   ¿(Trabaja él, Fuma ella)?
• *Do . . . ?*   ¿(Bailas tú, Manejan ellos)?
• *. . . to the supermarket.*   (Fuimos, Fui) . . . al supermercado.
• *He . . .*   Él (cantó, comió, pagó).
• *Did . . . ?*   ¿(Trabajaste, Jugaste)?

Inglés para Latinos

¡AVISOS!

- Ahora puedes empezar a comparar todo:
  *She played **well***. Jugó bien.
  *She played **better***. Jugó mejor.
  *She played **the best***. Jugó lo mejor.
  *They're **bad***. Son malos.
  *They're **worse***. Son peores.
  *They're **the worst***. Son los peores.

- Recuerda que aprenderás más formas de comparación cuando hables más inglés.

- A través del uso vas a hallar similitudes en las estructuras gramaticales del inglés (por ejemplo, la terminación *ing*). Apúntalas en un cuaderno y memorízalas.

- Lee mucho en inglés, pues es el mejor método para aprender la gramática. Empieza con las palabras sencillas. Al principio, lee libros para niños. Y no tengas vergüenza. ¡Eres un bebito en el mundo del inglés!

¡VAMOS A REPASAR!

Di una frase usando cada una de las palabras siguientes:

*am **I am** a good student.*

is _____

are _____

not _____

don't _____

have _____

has _____

work _____

works _____

do _____

does _____

doesn't _____

working _____

going _____

will _____

was _____

were _____

did _____

went _____

had _____

*me He is talking to **me**.*

him _____

them _____

us _____

Escribe los verbos en la
columna de la derecha. →

COMMON ACTIONS

RWKO	*WORK*
VRIDE	
DAER	
YSDTU	
VAELE	
IREWT	
WCHTA	
UNRETR	
AKESP	
RDNKI	
CANED	
PELSE	

(Las respuestas están en la página 192.)

CAPÍTULO *EIGHT*
[éit]

8

Details

[díteils]

(Los detalles)

¡Dime *When!*

Ahora que estamos familiarizados con las palabras de acción y con el vocabulario básico que hemos adquirido, llegó el momento de presentarte las palabras y frases más conocidas relativas al tiempo:

after	[áfter]	después
again	[aguén]	otra vez
already	[alrédi]	ya
always	[álueys]	siempre
a moment	[a móment]	un momento
at dawn	[at dan]	a la madrugada
at dusk	[at dask]	al anochecer
at sunset	[at sánset]	a la puesta del sol
awhile	[auáil]	un rato
before	[bifór]	antes
during	[dúrin]	durante
early	[érli]	temprano
every day	[éveri déi]	todos los días
just	[chast]	apenas
last month	[last mondt]	el mes pasado
last night	[last náit]	anoche
late	[léit]	tarde
later	[léiter]	más tarde
lots of times	[lats av táims]	muchas veces
many years ago	[méni llirs agó]	hace muchos años
never	[néver]	nunca
next week	[next uík]	la próxima semana
now	[náu]	ahora
once	[uáns]	una vez
right now	[ráit náu]	ahora mismo
someday	[sámdei]	algún día
sometimes	[sámtaims]	a veces
soon	[sun]	pronto
the day after tomorrow	[de déi áfter tumárou]	pasado mañana
the day before yesterday	[de déi bifór iésterdei]	anteayer
then	[den]	entonces
today	[tudéi]	hoy día
tomorrow	[tumárou]	mañana
tomorrow morning	[tumárou mórnin]	mañana por la mañana
tonight	[tunáit]	esta noche
twice	[tuáis]	dos veces
until	[antíl]	hasta
yesterday	[iésterdei]	ayer
yet	[iét]	todavía

Jaime:	**When is the party?**
Marta:	**Today!**
	Later!
	After work!

¡ESCÓGELAS Y ÚSALAS!

- **I work . . .**   Trabajo . . . (hoy día, siempre).
- **I'm working . . .**   Estoy trabajando . . . (ahora mismo, tarde).
- **I was working . . .**   Estaba trabajando . . . (ayer, el mes pasado).
- **I won't work . . .**   No trabajaré . . . (después, pasado mañana).
- **I'm going to work . . .**   Voy a trabajar . . . (mañana, el próximo año).

46. ¡APUESTO QUE SÍ PUEDES!

Lee en voz alta y contesta las preguntas después:

I'm eating now and I will run later. **When will you run?** (Más tarde)

_____

We always read, but we never write. **When do you read?** (Siempre)

_____

They sometimes work from dawn to dusk. **When do they work?**
(Hasta el anochecer) _____

She danced many years ago, and she's going to dance next week. **When is she going to dance?** (La semana próxima)

_____

Conversa y contesta la pregunta después:

When is English class?	**Tonight at six.**
Are you going to study today?	**Yes. I'm going to practice with my American friend after work.**
Where are you going now?	**To lunch.**
What are you going to do later today?	(Voy a estudiar) _____

Estudia y contesta la pregunta después:

I saw Tony last night. We danced awhile, ate some food, and talked until the restaurant closed. Then we drove to the beach. It was very late.

What did you do after the restaurant closed?

(Manejamos a la playa)

_____

(Las respuestas están en la página 192.)

(Las respuestas están en la página 192.)

¡AVISOS!

- La palabra *en* del español significa muchas cosas en inglés: *at, on, in*. Por ejemplo:
  Mickey is at Disneyland. Mickey está en Disneyland.
  The tablet is on the table. La tableta está en la mesa.
  Your money is in my wallet. Tu dinero está en mi cartera.

- Prueba el uso de estas palabras con "las acciones" más comunes:
  I live downstairs. Vivo **abajo**.
  I work inside. Trabajo **adentro**.

- Busca oportunidades para practicar estas frases usando los mandatos:
  Go around the house! ¡Vete **alrededor de** la casa!

¡Dime *Where*!

Con las palabras que siguen, tú puedes contestar muchas preguntas relativas a *Where?* (¿Dónde?). Puedes usarlas solas, pero suenan mucho mejor cuando se encuentran dentro de una oración. ¡Sin estas localizaciones, estarás perdido!

above	[abáv]	por encima de
against	[aguénst]	contra
along	[aláng]	a lo largo de
around	[aráund]	alrededor de
at the bottom of	[at de bátam]	al fondo de
behind	[bijáind]	detrás de
between	[bituín]	entre
down	[dáun]	abajo
far	[far]	lejos
from	[fram]	desde
in front of	[in front av]	en frente de
inside	[insáid]	adentro
near	[níer]	cerca
on top of	[an tap av]	encima de
outside	[áutsaid]	afuera
over	[óver]	sobre
toward	[toúrds]	hacia
under; below	[ánder; bilóu]	debajo de
up	[ap]	arriba

¡ESCÓGELAS Y ÚSALAS!

- *I'm going to put it . . .* Voy a ponerlo . . . (adentro, arriba).
- *The office is . . .* La oficina está . . . (detrás, cerca).
- *The mouse is running . . .* El ratón está corriendo . . . (lejos, afuera).

47. ¡APUESTO QUE SÍ PUEDES!

¿Qué significan estas palabras? ¡Traduce!

Go outside and look under that tree.

Your dog is running around my yard along the fence!

I go to the gas station near the school. It's between the hospital and the supermarket.

(Las respuestas están en la página 193.)

La Conexión #2

¡Se terminó el juego! Ya llegó el momento de que los principiantes se hagan a un lado. ¡Lo que viene es sólo para los expertos! Ahora que ya conoces las palabras más importantes en inglés, vamos a combinarlas usando las técnicas que ya hemos visto. La clave es continuar formando grupos de palabras de la misma manera que lo hacemos en español pero sin miedo de cometer errores. Aquí tienes una fórmula muy sencilla:

Person + *Action* + *Place* + *Time* = *A lot of English!*

| la persona | la acción | el lugar | el tiempo |

Lee cada palabra en voz alta:

Robert   *is working*   *at the store*   *now.*

Roberto   está trabajando   en la tienda   ahora.

Para dar una descripción en detalle, hazlo de una forma más elaborada. Ejemplos:

My friend Bob is working at the new store today with Mary.
Mi amigo Roberto está trabajando en la nueva tienda hoy con María.

My American friends, Bob and Ed, aren't working a lot at the new store now, because they have classes every day.
Mis amigos americanos, Roberto y Eduardo, no están trabajando mucho en la nueva tienda ahora, porque tienen clases todos los días.

¡Experimenta con mezclar el orden de las frases!

I have a broken arm, and I can't play at the park with the other girls on Saturday.
Tengo el brazo quebrado, y el sábado no puedo jugar en el parque con las otras muchachas.

¡O trata de formar una pregunta!

Is your sister going to the store, and is she going to buy food for dinner and candy for the kids?
¿Va tu hermana a la tienda, y va a comprar la comida para la cena y dulces para los niños?

¡No hay nada de lo que no puedas hablar!

A fat elephant was bathing in the river yesterday and was eating the plants under the water.
Un elefante gordo estaba bañándose en el río ayer y estaba comiendo las plantas que estaban debajo del agua.

Cuando tú seas *excellent* combinando palabras en inglés, podrás sin ningún esfuerzo aplicar la regla de muchos, la regla del reverso, y la regla de combinar. Recuerda, cuanto más trates . . . ¡mejor te saldrá! Aplica la regla de combinar a los mandatos. Repasa los que ya hemos aprendido y añade algunas palabras extras:

> *Go!* ¡Vete!
>
> *Go with Mary!* ¡Vete con María!
>
> *Go with Mary and work in the office!* ¡Vete con María y trabaja en la oficina!

¡Sugerencias!

- Un cambio en el orden de las palabras no afecta mayormente el significado del mensaje.
- Cuando necesites detenerte un momento para poner tus pensamientos en orden, usa la frase *Wait a minute!* [uéit a mínat] (¡Espera un minuto!).

R.M.V.P. (Repetir, Murmurar, Visualizar y Pausar)

Mientras tu cadena de palabras en inglés va creciendo, vas a necesitar técnicas que te ayudarán a superar esos pequeños obstáculos que entorpecen la comunicación. En vez de abandonar una buena conversación, trata el método **R.M.V.P.—***Repeat* (repetir), *Mumble* (murmurar), *Visualize* (visualizar) y *Pause* (pausar). Este sistema es excelente para mantener una línea de comunicación, así que apréndelo ahora mismo.

Repeat! [ripít] (¡Repetir!)

Repetir lo que escuchas es una de las mejores maneras de adquirir un idioma mientras conversas. Escuchar y decir las palabras nuevas más de una vez (en vez de no hacer nada) hará que comprendas y hables mucho más rápido,

> *Understand?* Yes, *I understand!*

Mumble! [mámbol] (¡Murmurar!)

Así de ridículo como parece, mientras estés aprendiendo el inglés, una manera segura de mantener tu parte en una conversación es murmurar o balbucear aquellas palabras, o parte de ellas, de las cuales tú no estás seguro. Es preferible combinar el inglés con Spanglish y hasta con tus propias "creaciones" de palabras que darte por vencido a mitad de una conversación.

Visualize! [víschualais] (¡Visualizar!)

Al escuchar o al hablar, trata de visualizar la palabra desconocida en su forma escrita. Ya que en inglés las palabras no se pronuncian de la misma manera como se escriben, te será más fácil imaginarte la palabra como se escribiría en español.

¡Inténtalo y verás!

book [buk] _____

table [téibol] _____

chair [cher] _____

Además, muchas palabras son casi iguales en los dos idiomas:

person persona   **important** importante   **tennis** tenis

¿Sigues usando la otra técnica de visualización? Tampoco dejes de asociar las nuevas palabras con figuras. Aquí tienes algunas de mis favoritas:

> **library** (biblioteca)   se ve como *libro*
>
> **car** (coche)   se ve como *carro*
>
> **mirror** (espejo)   se ve como *mirar*

Pause! [póas] (¡Pausar!)

En aquellos momentos de silencio forzado cuando tú estás deses-
perado tratando de recordar palabras y formas de responder...
Con tono y gesto de distracción susurra estas palabras que te darán
tiempo para pensar:

Well ...   [uél]   pues...   *O.K* ...   [oquéi]   bueno...

Uh ...   [aa]   este...   *Let's see* ...   [lets sí]   a ver...

What I mean is ...   [uát ái min is]   o sea...

El uso de pausas en inglés es igual al uso de éstas en español. Pon
dos o tres de ellas juntas:

   Well ... *O.K* ... *Let's see* ...*!*   ¡Pues... bueno... a ver!

¡VAMOS A REPASAR!

Usa estas palabras para contestar las siguientes preguntas. Mira el
ejemplo:

after	*always*	*before*
When is Christmas?		*It is after Thanksgiving.*

_____

_____

at	*near*	*next to*
Where are you now?		*I'm at my house.*

_____

_____

WHEN

Horizontales
  3. *antes*
  4. *pronto*
  6. *siempre*
  9. *mes*
  10. *semana*
  11. *durante*
  12. *temprano*

Verticales
  1. *esta noche*
  2. *nunca*
  5. *ahora*
  7. *tarde*
  8. *a veces*

(Las respuestas están en la página 193.)

CAPÍTULO *NINE*
[náin]

9

Beyond the Basics

[billónd de béisics]

(Después de lo básico)

Do You Want to Play?
[du iú uántu pléi]
(¿Quieres jugar?)

A los norteamericanos, igual que a los latinos, les gustan los **sports** [esports] (deportes). El béisbol es el deporte más popular, así como para los latinos es el fútbol. También, a mucha gente le encanta el fútbol americano y el baloncesto. Hay docenas de deportes diferentes en el mundo, y siempre algún norteamericano que está mirando o hablando de uno de éstos. Muchos de los juegos de pelota son transmitidos por la televisión, el internet o la radio en inglés. Por lo tanto, en caso que quieras escuchar para practicar y mejorar tu entendimiento, lo siguiente te será útil:

¡Muchas palabras suenan como el español!

I'm going to watch . . .

baseball	[béisbal]	béisbol
basketball	[básquetbal]	baloncesto
bowling	[bóulin]	boliche
boxing	[bácsin]	boxeo
diving	[dáivin]	buceo
extreme sports	[ekstrím sports]	deportes extremos
football	[fútbal]	fútbol americano
mixed martial arts	[mikst márchal arts]	combinaciones de artes marciales
soccer	[sáquer]	fútbol
tennis	[ténis]	tenis
volleyball	[válibal]	vóleibol

Date cuenta que los latinoamericanos han adoptado muchas palabras "deportivas" del inglés, y sin variar mucho su pronunciación:

golf   **surfing**   **hockey**   **badminton**   **pickle ball**

Y aquí tienes unos deportes que son palabras de acción:

biking	[báiquin]	montar bicicleta
fishing	[fíchin]	pescar
flying	[fláiin]	volar
hiking	[jáiquin]	caminar
horseback riding	[jórsbac ráidin]	montar a caballo
running	[ránin]	correr
sailing	[séilin]	navegar
skating	[squéitin]	patinar
skiing	[squîin]	esquiar

¡ESCÓGELAS Y ÚSALAS!

- **Do you like . . . ?** ¿Te gusta . . . (el béisbol, el boliche)?
- **I don't understand . . . .** No entiendo . . . (el baloncesto, el hockey).
- **. . . is good exercise.** (Correr, El tenis) . . . es buen ejercicio.

¡Aprende estas frases campeonas!

Do you play?	¿Sabes jugar?
Who won?	¿Quién ganó?
Who lost?	¿Quién perdió?
What's the score?	¿Cuál es el puntaje?

¡Vas a ganar con estos vocablos!

athlete	[ádtlit]	atleta **Christy is a great athlete!**
ball	[bal]	pelota o bola
champion	[chámpion]	campeón
coach	[cóuch]	entrenador
court	[cort]	cancha
equipment	[icuípment]	equipo
field	[fild]	campo
game	[guéim]	juego
gymnasium	[chimnéisiam]	gimnasio
helmet	[jélmet]	casco
match	[match]	partido
net	[net]	red
players	[pléiers]	jugadores
practice	[práctis]	práctica
racket	[ráquet]	raqueta
stadium	[stéidiam]	estadio
team	[tim]	equipo
uniform	[iúniform]	uniforme

48. ¡APUESTO QUE SÍ PUEDES!

Contesta las siguientes preguntas:

Do you need a glove to play baseball?
Is there a net in tennis?
How many players are on a basketball team?

¡Conéctalas!

stadium	pelota
net	entrenador
ball	estadio
team	juego
game	red
coach	equipo

(Las respuestas están en la página 193.)

¡AVISOS!

- Trata de aprender más de estas frases y palabras con tus compañeros de deportes.
- Estudia la historia, los personajes y las reglas de los deportes más populares en la ciudad donde vives. Aprende los nombres de los equipos profesionales en tu región. ¡La mayoría de los americanos ponen mucho énfasis en el deporte!

My Favorite Hobby
[mái féivoret jábi]
(Mi pasatiempo favorito)

Igual que en Latinoamérica, los **hobbies** [jábis] (pasatiempos) en los Estados Unidos son muy variados y cambian según sea el gusto de cada persona. Así que, ¿cuáles de estas palabras en inglés podrían ayudarte en tu tiempo libre?

acting	[áctin]	actuación
antiques	[antícs]	antigüedades
cards	[cards]	naipes o cartas
checkers	[chéquers]	juego de damas
chess	[ches]	ajedrez
coins	[cóins]	monedas
concerts	[cánserts]	conciertos
drawing	[dróin]	dibujo
fantasy sports	[fántasi sports]	deportes de fantasia
gardening	[gárdenin]	jardinería
hanging out	[jánguin áut]	estar con los amigos
movies	[múvis]	películas
music	[miúsic]	música
painting	[péintin]	pintura
photography	[fotágrafi]	fotografía
poker	[póquer]	póker
puzzles	[pásels]	rompecabezas
reading	[rídin]	lectura
relaxing	[riláksin]	ocio
stamps	[stamps]	estampillas
traveling	[trávelin]	viajes
video games	[video guéims]	videojuegos

Play with Toys!
[pléi uíd tóis]
(¡Juega con los juguetes!)

Además de los *games* [guéims] (juegos), todos crecemos jugando con juguetes. Los niños de todas las edades querrán saber los nombres en inglés de los artículos más comunes para el juego:

action figure	[ákchen fíguiur]	figura de acción
airplane	[érplein]	avión
balloon	[balún]	globo
bicycle	[báisecol]	bicicleta
blocks	[blacs]	cubos
cartoons	[cartúns]	caricaturas
clay	[cléi]	arcilla
crayons	[créllans]	crayones
dinosaur	[dáinosor]	dinosaurio
doll	[dal]	muñeca
foosball	[fúsbol]	fútbol de mesa
kite	[káit]	cometa
magic	[máchic]	magia
magnets	[mágnets]	imanes
marbles	[márbels]	canicas
robot	[róbot]	robot
scooter	[escúter]	escúter
skateboard	[squéitbord]	patineta
skates	[squéits]	patines
sled	[sled]	trineo
spaceship	[spéichip]	nave espacial
storybook	[stóri buk]	librito de cuentos
stuffed toy	[staft tói]	animal de peluche
toy soldier	[tói sólcher]	soldado de juguete
toy train	[tói trein]	tren de juguete
tricycle	[tráisical]	triciclo
truck	[trac]	camión

La palabra **play** [pléi] también significa obra de teatro. Si te gusta el drama, tal vez puedas usar las siguientes palabras:

jokes	[chocs]	chistes	**tricks**	[trics]	trucos
frown	[fráun]	ceño	**fun**	[fan]	diversión
smile	[smáil]	sonrisa	**tears**	[tirs]	lágrimas
funny	[fáni]	chistoso	**laughter**	[láfter]	risa
comedy	[cámedi]	comedia	**players**	[pléiers]	personajes
tragedy	[tráchedi]	tragedia	**stage**	[estéich]]	escenario

En lugar de *tocar* música, se usa **play** (jugar) música con los **musical instruments**:

I can play the . . .	**piano.**	[piáno]	el piano.
Yo puedo tocar . . .	**violin.**	[vallalín]	el violín.
	guitar.	[guitár]	la guitarra.
	saxophone.	[sácsafon]	el saxofón.
	trumpet.	[trámpet]	la trompeta.
	clarinet.	[clerenét]	el clarinete.
	drum.	[dram]	el tambor.
	trombone.	[trambón]	el trombón.

¡ESCÓGELAS Y ÚSALAS!

- **My daughter wants . . . .** Mi hija quiere . . . (una guitarra, un tambor).
- **I love . . . .** Me encanta . . . (el clarinete, el piano).
- **Where can I buy a . . .?** ¿Dónde puedo comprar . . . (un violín, una trompeta)?

49. ¡APUESTO QUE SÍ PUEDES!

Conéctalas:

chess	**stamps**
jokes	**checkers**
comedy	**drum**
trumpet	**tragedy**
coins	**tricks**

(Las respuestas están en la página 193.)

¡VAMOS A REPASAR!

Escribe algunas palabras en inglés debajo de cada título:

Sports	**Hobbies**	**Toys**	**Musical Instruments**
_____	_____	_____	_____
_____	_____	_____	_____
_____	_____	_____	_____

This Is LOVE! [lav] (Amor)

Este libro estaría incompleto si no les mencionara las expresiones de amor más importantes en inglés. El romance está solamente a unas cuantas palabras de distancia:

I'm . . .	*married.*	[mérid]	casado/casada.
Soy . . .	*single.*	[síngal]	soltero/soltera.
	divorced.	[divórst]	divorciado/divorciada.
	widowed.	[uídoud]	viudo/viuda.
	separated.	[sépareited]	separado/separada.
	engaged.	[enguécht]	comprometido/comprometida.

Frases potentes

I'm in love.	[áim in lav]	Estoy enamorado.
I love you.	[ái láv iú]	Te amo.
I miss you.	[ái mis iú]	Te extraño.
It's a promise.	[ets a prámis]	Es una promesa.
Did you enjoy it?	[did iú enchói et]	¿Te gustó?
I had a nice time.	[ái jad a náis táim]	Me divertí mucho.
Can I see you later?	[can ái si iú léiter]	¿Puedo verte más tarde?
Will you marry me?	[uíl iú méri mi]	¿Quieres casarte conmigo?
Please call me.	[plis cal mi]	Llámame, por favor.

Would you like to . . .	*dance?*	bailar?
¿Quisieras . . .	*take a walk?*	dar un paseo?
	go out with me?	salir conmigo?

What's He Like?

He's . . .			
	cute.	[quiút]	atractivo.
	dishonest.	[disánest]	deshonesto.
	faithful.	[féidtful]	fiel.
	handsome.	[jándsam]	guapo.
	healthy.	[jélti]	sano.
	honest.	[ánest]	honesto.
	jealous.	[chélas]	celoso.
	loud.	[láud]	ruidoso.
	mean.	[min]	cruel.
	responsible.	[rispánsabel]	responsable.
	romantic.	[romántic]	romántico.
	rude.	[rud]	descortés.
	sloppy.	[slópi]	descuidado.
	studious.	[stúdias]	aplicado.
	well-mannered.	[uelmánerd]	bien educado.

Aquí tienes más palabras:

What's She Like?

She's . . .			
	beautiful.	[biútiful]	bella.
	friendly.	[fréndli]	amistosa.
	irresponsible.	[irrespónsibol]	irresponsable.
	lovely.	[lávli]	hermosa.
	nice.	[náis]	simpática.
	passionate.	[pásionet]	apasionada.
	pleasant.	[plésant]	agradable.
	pretty.	[príti]	bonita.
	shy.	[chái]	tímida.
	sincere.	[sincír]	sincera.
	stuck up.	[stac ap]	pretenciosa.
	very pretty.	[víri príti]	muy linda.

What Can I Say? [uát can ái séi] (¿Qué puedo decir?)

You're my . . .			
	baby.	[béibi]	bebé.
	darling.	[dárlin]	querido.
	lover.	[láver]	amante.
	love.	[lav]	amor.
	sweetheart.	[suítjart]	corazón.
	honey.	[jáni]	dulce.
	sugar.	[chúgar]	dulce.
	sweetie.	[suíti]	dulce.
	soul mate.	[sóulmeit]	alma gemela.
	lady.	[léidi]	dama.

Más palabras útiles

- *Hugs* [jags] abrazos **000**
- *Kisses* [quíses] besos **XXX**

anniversary	[anivérseri]	aniversario *Happy anniversary, sweetie!*
concert	[cánsert]	concierto
couple	[cápol]	pareja
date	[déit]	cita
movie	[múvi]	película
party	[pári]	fiesta
wedding	[uédin]	boda

¡AVISOS!

- En inglés tanto en-amorados como amigos usan la palabra *you* para decir *tú*, *usted* o *ustedes*.
- ¡Escucha para aprender más expresiones que puedas usar! También observa con cuidado las diferentes costumbres que hay en Norteamérica. Conversa con tus amigos sobre ellas.

¡ESCÓGELAS Y ÚSALAS!

- *He is so . . . .* Él es tan . . . (celoso, romántico).
- *Yes, but she's very . . . .* Sí, pero ella es muy. . . .(cruel, tímida).
- *. . . , I love you.* . . . (Mi amor, Mi dulce), te quiero.
- *We met at . . . .* Nos conocimos en . . . .(un concierto, la fiesta).

50. ¡APUESTO QUE SÍ PUEDES!

Lee la siguiente carta con mucha pasión, y contesta las preguntas:

My darling Susan,

*   I miss you very much. Thank you for last night. I had a nice time at the concert. You are beautiful and very nice. Would you like to go out with me on Saturday? Please call me tonight.*

Hugs and kisses, Rafael

1. *Who is beautiful and very nice?*
2. *Where did they go last night?*
3. *When would Rafael like to go out again?*

(Las respuestas están en la página 193.)

¡Bienvenidos a los Estados Unidos!

El lenguaje y la cultura son inseparables. Es importante entonces que estudiemos con mucho cuidado a la gente que habla el idioma inglés. ¿Quiénes son?. . . .¿De dónde vienen?. . . .¿Qué aprecian y cuáles son sus costumbres? Para entender la cultura norteamericana, lee sobre la historia de los Estados Unidos. Aprende quiénes son los héroes de los americanos y memoriza las fechas de sus fiestas importantes. Prueba sus comidas típicas. Escucha su música y mira su televisión. Si mantienes una mente abierta y una actitud positiva, podrás conocer mejor a tus nuevos amigos.

No es posible presentar toda la información que quisiéramos en este libro de inglés. Sin embargo, sí incluímos varios groups de vocabulario que introducen algunos aspectos interesantes de la cultura norteamericana.

Más Temas Claves

Tómate el tiempo que quieras con las palabras en esta sección y recuerda que siempre encontrarás un norteamericano dispuesto a ayudarte si tienes algún problema. ¡Buena suerte!

Cars! (¡Los carros!)

air	[er]	aire *My car tires need air.*
battery	[báteri]	batería
belt	[belt]	cinturón
brakes	[bréiks]	frenos
bumper	[bámper]	parachoques
clutch	[clatch]	embrague
dashboard	[dáchbor]	tablero
electric	[iléctric]	eléctrico
engine	[énchen]	motor
gas	[gas]	gasolina
gauge	[guéich]	indicador
horn	[jorn]	bocina
lights	[láits]	luces
muffler	[máfler]	silenciador
oil	[óil]	aceite
pedal	[pédal]	pedal
plug	[plac]	enchufe
radiator	[réidietor]	radiador
screen	[scrin]	pantalla
seats	[sits]	asientos
shocks	[chocs]	amortiguadores
steering wheel	[stírin uíl]	volante

tires	[táirs]	neumáticos
trunk	[tranc]	maletera
window	[uíndou]	ventanilla
windshield	[uínchil]	parabrisas
wipers	[uáipers]	limpiaparabrisas

Everyday Things [everidéi zins] (Cosas para todos los días)

Practice your English here!

battery	[báteri]	pila *I need batteries for my device.*
sunscreen	[sánscrin]	protector solar *Do you use sunscreen?*
conditioner	[condíchoner]	acondicionador *She doesn't have hair conditioner.*
deodorant	[diódorent]	desodorante
envelope	[énvelop]	sobre
ink	[ink]	tinta
letter	[léter]	carta (o letra)
lipstick	[lipstick]	rojo de labios
magazine	[mágasin]	revista
makeup	[méicap]	maquillaje
matches	[mátches]	fósforos
medicine	[médicin]	medicina
mouthwash	[máusuach]	enjuague
nail clippers	[néilclipers]	cortauñas
nail polish	[néilpolich]	esmalte
needle	[nídel]	aguja
newspaper	[niúspeiper]	periódico
pin	[pin]	alfiler
razor blades	[réisor bléids]	navajas
scissors	[sísors]	tijeras
shampoo	[champú]	champú
shaving cream	[chéivin crim]	crema de afeitar
soap	[soup]	jabón
stamp	[stamp]	estampilla
thread	[tred]	hilo
toilet paper	[tóilet péiper]	papel higiénico
toothbrush	[túsbrach]	cepillo de dientes
toothpaste	[túspeist]	pasta de dientes

51. ¡APUESTO QUE SÍ PUEDES!

¡Conéctalas!

magazine	neumático
thread	sobre
soap	hilo
tire	periódico
match	aceite
oil	revista
envelope	fósforo
newspaper	jabón

(Las respuestas están en la página 193.)

¡AVISOS!

- Estudia:

  $.01 = 1¢ *one cent* (un centavo)

  $.75 = 75¢ *seventy-five cents* (75 centavos)

  $2.25 = *two dollars and twenty-five cents*

- ¿Eres bueno en matemáticas?

  + *add* [ad] sumar

  − *subtract* [sabtrác] restar

  × *multiply* [móltiplai] multiplicar

  ÷ *divide* [diváid] dividir

  = *equals* [ícuals] es igual

- ¿Y sabes las figuras geométricas?

  square [scuér] cuadrado

  triangle [tráengol] triángulo

  circle [círcol] círculo

- ¡Contenedores!

bag	[bac]	bolsa
box	[bacs]	caja
bottle	[bátel]	botella
jar	[char]	jarra
can	[can]	lata

$ Money [máni] (dinero)

¡Hablemos del dinero! Sería una buena idea que practiques este grupo de palabras tan útiles.

Primeramente, recuerda que hay 100 *cents* [cens] (centavos) en cada dólar americano. $ es el signo para *dollars* [dálers] y ¢ es el signo para *cents* [cens].

Value [váliu] (valor)			*Coins* [coins] (monedas)		
$ .01	*penny*	[péni]	$ .25	*quarter*	[cuárter]
$ .05	*nickel*	[níquel]	$ .50	*half dollar*	[jaf dáler]
$ .10	*dime*	[dáim]	$ 1.00	*dollar*	[dáler]

Bills [bilz] (billetes)

$ 1.00	*one dollar*		$ 20.00	*twenty dollars*
$ 5.00	*five dollars*		$ 50.00	*fifty dollars*
$ 10.00	*ten dollars*		$ 100.00	*one hundred dollars*

52. ¡APUESTO QUE SÍ PUEDES!

Conéctalas:

×	*add*
.05	*dollars*
+	*nickel*
.01	*quarter*
$	*multiply*
.25	*penny*

(Las respuestas están en la página 193.)

Measure It! [méllur et] (¡Mídelo!)

Generalmente, no se usa el sistema métrico en los Estados Unidos. Así que tendrás que aprender la manera más común de dicho país para medir las cosas. Habla con tus amigos de los significados de las siguientes palabras y practícalas cuando salgas de compras. También nota las abreviaturas de las medidas:

gallon	[gálon]	gal.	**miles**	[máils]	mi.
quart	[cuárt]	qt.	**yards**	[iárds]	yd.
pint	[páint]	pt.	**feet**	[fit]	ft.
pound	[páund]	lb.	**inches**	[ínches]	in.
ounce	[áuns]	oz.	**teaspoons**	[tíspuns]	tsp.

¡APRENDE LA DIFERENCIA ENTRE LOS DOS SISTEMAS!

Length (longitud)

1 centimeter (centímetro) = 0.3937 inch (pulgada)

1 inch (pulgada) = 2.54 centimeters (centímetros)

1 foot (pie) = 30.48 centimeters (centímetros)

1 foot (pie) = 0.3048 meter (metro)

1 yard (yarda) = 0.9144 meter (metro)

1 meter (metro) = 1.093613 yards (yardas)

1 kilometer (kilómetro) = 0.621 mile (milla)

1 mile (milla) = 1.609344 kilometers (kilómetros)

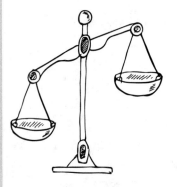

Weight (peso)

1 gram (gramo) = 0.353 ounce (onza)

1 ounce (onza) = 28.35 grams (gramos)

1 pound (libra) = 453.6 grams (gramos)

1 pound (libra) = 0.4563 kilogram (kilogramo)

1 kilogram (kilogramo) = 2.2046 pounds (libras)

1 American ton (tonelada americana) = 0.907 metric ton (tonelada métrica)

1 metric ton (tonelada métrica) = 1.1 metric tons (toneladas métricas)

Volume/capacity (volumen/capacidad)

1 milliliter (mililitro) = 0.034 fluid ounce (onza fluida)

1 milliliter (mililitro) = 0.2 teaspoon (cucharadita)

1 fluid ounce (onza fluida) = 29.6 milliliters (mililitros)

1 teaspoon (cucharadita) = 5 milliliters (mililitros)

1 cup (taza) = 0.24 liter (litro)

1 quart (cuarto) = 0.95 liter (litro)

1 liter (litro) = 4.227 cups (tazas)

1 liter (litro) = 1.057 quarts (cuartos)

1 liter (litro) = 0.264 U.S. gallon (galón americano)

1 U.S. gallon (galón americano) = 3.785 liters (litros)

Area (superficie)

1 square centimeter (centímetro cuadrado) = 0.155 square inch (pulgada cuadrada)

1 square inch (pulgada cuadrada) = 6.4516 square centimeters (centímetros cuadrados)

1 square foot (pie cuadrado) = 929 square centimeters (centímetros cuadrados)

1 acre (acre) = 0.405 hectare (hectárea)

1 hectare (hectárea) = 2.471 acres (acres)

1 square kilometer (kilómetro cuadrado) = 0.386 square mile (milla cuadrada)

1 square mile (milla cuadrada) = 2.59 square kilometers (kilómetros cuadrados)

Otras abreviaturas útiles

En inglés, encontrarás numerosas *abbreviations* [abriviéchons]; es decir, las formas cortas para escribir ciertas palabras. He aquí varios ejemplos de las más comunes:

apt.	apartment	apartamento
etc.	et cetera	et cétera
ht.	height	estatura
wt.	weight	peso
D.O.B.	date of birth	fecha de nacimiento
S.S.#	social security number	número de seguro social
M/F	male or female	masculino o femenino
St.	street	calle
Ave.	avenue	avenida
yr.	year	año
mo.	month	mes

Los significados de algunos de los signos que usamos para abreviar cambian un poco en inglés:

#	*pounds; number*	libras; número
&	*and*	y
%	*percent*	por ciento

 53. ¡APUESTO QUE SÍ PUEDES!

Busca las respuestas para estas preguntas:

How many quarts are in a gallon? _____

How many ounces are in a pound? _____

How many feet are in a mile? _____

Escribe la palabra completa al lado de la forma abreviada:

ht.	_____	**Dr.**	_____
U.S.A.	_____	**Ave.**	_____
Fri.	_____	**Apt.**	_____
&	_____	**St.**	_____
Aug.	_____	**Sun.**	_____

(Las respuestas están en la página 193.)

Survival Signs [serváival sáins] (Letreros para sobrevivir)

Para evitar problemas, presta atención a los letreros:

CAUTION	[cóchon]	Cuidado
CLOSED	[clóusd]	Cerrado
DETOUR	[detúr]	Desviación
DO NOT ENTER	[du nat énter]	No entre
DON'T WALK	[dont uók]	No camine
ENTRANCE	[éntrans]	Entrada
EXIT	[écsit]	Salida
FOR RENT	[for rent]	Se alquila
FOR SALE	[for séil]	Se vende
KEEP OUT	[quip áut]	Prohibido el paso
NO LEFT TURN	[no left tern]	No dar vuelta a la izquierda
NO PASSING	[no pásin]	No rebasar
NO SMOKING	[no smókin]	No fumar
NO TRESPASSING	[no tréspasin]	No entrar
NO U TURN	[no iú tern]	No dar vuelta enforma de "U"
ONE WAY	[uán uái]	Circulación de un solo sentido
OPEN	[open]	Abierto
OUT OF ORDER	[áut av órder]	Descompuesto
PARKING	[párquin]	Estacionamiento

Inglés para Latinos

¡ATENCIÓN!

Es necesario poder leer y escribir un poco de inglés para vivir en los Estados Unidos. Nunca faltan formularios por llenar y papeles por traducir. Si no las practicas, estas tareas se te dificultarán. ¿Por qué no las intentas ahora mismo?

Aquí tienes otras sugerencias prácticas. Y no te olvides que mucha de esta información se encuentra en el internet:

- Lee los horarios de autobús, de tren o de avión.
- Estudia el mapa de la ciudad donde vives.
- Lee la información escrita que recibes de las compañías de servicio y teléfono.
- Obtén formularios y practica cómo llenarlos.
- Habla con un policía, bombero, doctor, o dentista para averiguar cómo proceder en caso de emergencia. Muchos de ellos proveen folletos escritos en español.
- Pregunta a alguien cómo se pagan los impuestos sobre ingresos al gobierno norteamericano.
- Visita una escuela pública, un colegio o una universidad para aprender más sobre el sistema escolar de los Estados Unidos.

PULL	[pul]	Jale
PUSH	[puch]	Empuje
RESTROOMS	[réstrums]	Servicio de baños
R-R XING	[réilroud crósin]	Cruce de trenes
SLIPPERY	[slíperi]	Resbaloso
SLOW	[slóu]	Despacio
STOP	[stap]	Alto
YIELD	[yeld]	Ceda el paso

The United States of America

¿Qué sabes tú acerca de los **United States?** Quizás has estudiado o te han dicho un poco sobre su historia o sus costumbres. Sin duda, ya entiendes la importancia de aprender tanto su idioma como algo de su cultura. Aunque el pueblo norteamericano es una mezcla de gente de distintos países, generalmente todo ciudadano entiende el significado de las siguientes palabras. Trata de aprenderlas con la ayuda de algún americano; anota brevemente la explicación que recibas:

Abraham Lincoln _____

Congress _____

Fifty States _____

George Washington _____

Martin Luther King, Jr. _____

Thanksgiving _____

Susan B. Anthony _____

The Bill of Rights _____

The Civil War _____

The Constitution _____

The Declaration of Independence _____

The Fourth of July _____

The National Anthem _____

The Pilgrims _____

The Pledge of Allegiance _____

The Supreme Court _____

The Revolutionary War _____

The Statue of Liberty _____

Washington, D.C. _____

¡Un consejo práctico!

Para entender mejor a la gente norteamericana, busca por el internet a los videos que muestran las danzas y la música tradicional de ellos (**TRADITIONAL AMERICAN MUSIC AND DANCES**). Lee libros para niños que traten de sus cuentos folklóricos. Participa en sus celebraciones. Aprende los nombres de los lugares más famosos de los Estados Unidos.

My Name Is . . .

A muchos inmigrantes les gusta traducir sus nombres al inglés, o por lo menos quieren saber cómo se dicen. He aquí una lista corta e informal que puedes usar. Pregúntale a un americano cómo se pronuncian:

(masculino)	*Male*	(femenino)	*Female*
Alfredo	*Al*	Alicia	*Alice*
Carlos	*Charlie*	Ana	*Ann*
Eduardo	*Ed*	Anita	*Nancy*
Esteban	*Steve*	Bárbara	*Barb*
Francisco	*Frank*	Carolina	*Carol*
Guillermo	*Bill*	Catalina	*Kathy*
Jaime	*Jim*	Débora	*Debbie*
Jorge	*George*	Elena	*Helen*
José	*Joe*	Isabel	*Liz*
Juan	*John*	Juana	*Jane*
Marcos	*Mark*	Lina	*Lynn*
Miguel	*Mike*	Margarita	*Marge*
Pedro	*Pete*	María	*Mary*
Ricardo	*Rick*	Marta	*Martha*
Roberto	*Bob*	Sara	*Sally*
Tomás	*Tom*	Susana	*Sue*

No te olvides que algunos nombres se escriben igual en inglés y en español, aunque la pronunciación es diferente:

Daniel	[dániel]	*Gloria*	[glória]
David	[déivid]	*Linda*	[linda]
Samuel	[sámiul]	*Virginia*	[verchínia]

¡VAMOS A REPASAR!

1. Practica la siguiente conversación con un amigo.

I'm in love!	What happened?
His name is George. He's very handsome and well-mannered, and very romantic!	Who is he?
He's my brother's friend.	No!

2. ¿Entiendes?

My car is in the garage. I have problems with the muffler and the engine, and the tires need air. The brakes are O.K., but the battery is old and dirty.

3. Busca estos letreros cerca de tu casa hoy:

Busca estas palabras y haz círculos alrededor de ellas.

- *tennis*
- *swimming*
- *basketball*
- *golf*
- *gymnasium*
- *coach*
- *net*
- *score*
- *win*
- *field*
- *court*
- *team*
- *baseball*
- *running*
- *play*

SPORTS

```
A C A K N C E B G N E C V F B N H I X M
O Y O T N I W U A E R N E N F J E E T M
K I Y A G Y M N A S I U M N D S T Y M E
E N D N K H H J E W K R N I E F S S E E
H S P F M S O E I I H E C N U I W Y L M
M C B S I U M O L M N P T R I H P H E W
M O T N Z R S N P M R O L B O N R N V O
K R N H I X M E R I S M T A A E G P Q Z
E E N A E H Q E W N D T R S Y L O I R L
T E J A H C E Q E G F T C E B X L F N H
F D R X G S Q U U J E I H B S W F K E B
R T E S Z E E I E N F T E A V O D F N V
H V C Q C R E E G X R B H L C S N P H M
R I J X H I E P S M E C P L D U E E L Q
C H W T B E Z T C I A S E M K X C R N A
U E R E C R D S D O F E E S L M Z J E T
E Q E R N D A S C L U I E K A X T J P L
O M M S K I N F A K R R C E M T V U O H
M I C P S R E G E F E W T R O Q P J U S
C N D N P I Q V B V P K X N P I D A A K
```

(Las respuestas están en la página 193.)

The Last Words

[de last uérds]

(Las últimas palabras)

Let's Talk About Language
(Hablemos acerca del lenguaje)

Llegará el momento en tu aprendizaje cuando te verás forzado a usar aquellas palabras que se encuentran en un libro de texto. Los vocablos siguientes serán muy valiosos cuando decidas tomar una clase de inglés:

adverb	[ádverb]	adverbio
capital letter	[cápital léter]	mayúscula
chapter	[chápter]	capítulo
conjugation	[canlluguéchon]	conjugación
dialog	[dáialog]	diálogo
example	[ecsámpol]	ejemplo
exercise	[écsersais]	ejercicio
grammar	[grámer]	gramática
homework	[jómuerk]	tarea
language	[lánguach]	lenguaje
lesson	[léson]	lección
lowercase letter	[lóuerqueis léter]	minúscula
meaning	[mínin]	significado
method	[mézod]	método
noun	[náun]	sustantivo
page	[péich]	página
practice	[práctis]	práctica
pronoun	[prónaun]	pronombre
pronunciation	[pronanciéchon]	pronunciación
question	[cuéschon]	pregunta
reading	[rídin]	lectura
review	[reviú]	repaso
sentence	[séntens]	oración
sounds	[sáunds]	sonidos
speech	[spich]	hablar
structure	[strákchur]	estructura
study	[stádi]	estudio
subject	[sábllect]	sujeto
symbol	[símbol]	símbolo

test	[test]	examen
verb	[verb]	verbo
vocabulary	[vocábiuleri]	vocabulario
voice	[vóis]	voz
word	[uérd]	palabra
writing	[ráitin]	escritura

Repite:

- *I need more practice and review!* ¡Necesito más práctica y repaso!
- *I don't like tests and homework!* ¡No me gustan los exámenes y las tareas!
- *I understand the meaning of the vocabulary!* ¡Comprendo el significado del vocabulario!

Practice, Practice, Practice . . . (¡La práctica!)

Anteriormente, la práctica para aprender un idioma extranjero requería el uso de ejercicios gramaticales, memorización de diálogos y horas de instrucción audiovisual en un laboratorio de idiomas. Afortunadamente para ti, en la actualidad, las técnicas de aprendizaje han mejorado.

Aprendiendo: *Vocabulary*

- **¡Usa los mandatos!** Combínalos con los nombres de las cosas que quieras aprender. Usa objetos reales o figuras. Haz que un amigo te de órdenes para tocar o mover cualquiera de las cosas que estás interesado en aprender.
- **Entrevista** a personas que hablan inglés. Haz una lista de objetos relacionados con los deportes o las comidas, y pregunta a diferentes personas qué es lo que les gusta o disgusta. Usa una pregunta como *Do you like. . . ?*, y revisa las respuestas.

- **Colecciona** libros infantiles en inglés, libros de colorear y juguetes. Ya que tú eres como un niño en este nuevo idioma, es muy importante que tengas mucho contacto visual con las nuevas palabras. Cuando leas, señala cada figura y dila en inglés. ¡Esta actividad es muy divertida para hacerla en compañía de un niño!

- **Graba una *conversation in English*.** Pídele a una persona que hable inglés como idioma nativo que lea en voz alta una lista de palabras que tú necesites saber y grábala en tu teléfono. Hazlo con diferentes personas para que puedas escuchar las diferentes pronunciaciones y dialectos. Al principio, sólo preocúpate por el vocabulario que vas a usar todos los días. Ofrece grabar una conversación en español a esas personas que te ayuden.

- **Dibuja** figuras de objetos de diferentes categorías, y luego ponles nombre. Para aquél que no pueda dibujar, busca imágenes en el internet.

apple   *banana*   *coconut*   *melon*

- **¡Sé creativo!** Practica las palabras descriptivas haciendo dibujos. Mira estas dos posibilidades:

Un monstruo extraño	La persona de mis sueños
very big	*very rich*
four arms	*black hair*
three eyes	*very intelligent*
big ears	*tall*
two heads	*likes to play sports*

Aprendiendo: *Conversation*

El mejor consejo que les puedo ofrecer a aquellos que quieran experimentar con una charla en inglés es: ¡Háganla! Sin embargo, para practicar una conversación cuando estés solo, aquí tienes dos sugerencias que te ayudarán:

• Un juego divertido es el de buscar tiras cómicas en el internet, borrar las palabras en las conversaciones, y luego crear tus propias palabras en inglés que tengan relación con lo que está pasando en las figuras. Usa cualquiera de los vocablos que ya conoces. ¡Escríbelos o dilos en voz alta!

• En un papel, escribe un diálogo creado por ti, uno que vayas a necesitar y que puedas usar frecuentemente. Con unas tijeras, corta cada una de las frases, y luego mézclalas. Practica con poner las frases en orden nuevamente a manera que se entienda el sentido.

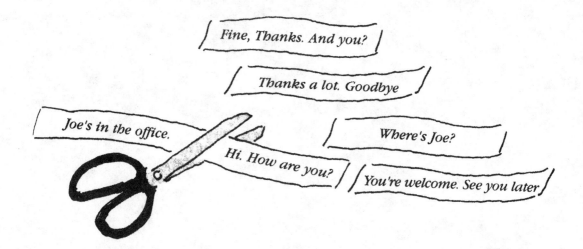

Aprendiendo: *Action*

La mejor manera de adquirir palabras de acción es pidiéndole a una persona que te de *órdenes* para hacer algo. Al tú ejecutar lo que se te está ordenando, entenderás mejor el significado de la palabra. Otro método efectivo es el de hacer tarjetas de memoria en una aplicación para usarlas como ayuda visual al hablar de lo que está pasando. Es muy fácil hacerlo con papel, también. Solamente necesitas un poco de papel, algunas revistas, pegamento, y tijeras. Usa el modelo que ilustramos a continuación, o crea tus propios diseños. ¡Da vuelo a tu imaginación! Haz que participen tus familiares y amigos.

He aquí un cartel que te ayudará a aprender las formas afirmativas y negativas así como las preguntas.

Pruébalo con la palabra *eating* (comiendo). "Lee" las ilustraciones en combinación con nuestra palabra de acción, y después con cualquiera otra que tú quieras ensayar:

¡ATENCIÓN!

Las personas más diligentes pueden también cortar y pegar en una cartulina o papel cualquiera de las fotos de personas en movimiento que se encuentran en las revistas. Evita el uso de la computadora si puedes.

	Yes	**No**	**?**
a.		🍎	
b.	🍌		
c.			🍊
d.		🍔	

a. *I'm not **eating** apples.*
b. *She is **eating** bananas.*
c. *Are they **eating** oranges?*
d. *We _____ _____ _____ _____.*
　　　　　(not)　　　　　　　　　　*(hamburgers)*

Y la historieta ilustrada que aparece aquí es para las superestrellas que ya conocen muchas de las palabras de acción. Mira cada uno de los dibujos y di qué es lo que está pasando…

Cuando seas muy hábil con el inglés, te será muy fácil mirar esta historieta y contestar preguntas, tales como ¿Qué pasó ayer? o ¿Qué ha pasado? ¡Sigue adelante! No estás muy lejos de lograrlo.

Aprendiendo: *Grammar*

Como sucede en todos los idiomas, en el inglés la estructura gramatical se adquiere en forma natural, a través de los errores y la práctica. Por eso es que cuando los niños dicen sus primeras frases se oyen tan graciosos. Es bueno saber que toma años de cometer errores (y múltiples horas de instrucción en un salón de clase) para uno adquirir la capacidad de responder usando la gramática apropiada. Afortunadamente, para el estudiante de un segundo idioma existe un método más corto: la lectura. Los estudios demuestran que ésta es una forma rápida y agradable de adquirir un nuevo idioma, ya que permite descubrir reglas básicas de la gramática inglesa. Parece ser que cuando los latinos leen regularmente cualquier material simple e interesante en inglés su conversación en el nuevo idioma mejora, y el uso de su gramática es correcto la mayor parte del tiempo.

Lo que sigue es una pequeña **story** que muestra la información presentada en este libro. Antes de leerla, repasa los capítulos más difíciles. Luego lee todo el cuento. Después, revisa los capítulos por tercera vez para ver si los has entendido.

A Story   [a stóri]   (una historia)

I'm <u>Tony</u>, and I'm very <u>happy</u> today. I am <u>29</u> years old, and I don't have a lot of <u>problems</u>. I'm working for a big <u>company</u> in the United States, so now I have many <u>new friends</u>. I love my job there. I love my family, too. We are from <u>Mexico</u>. I live with my <u>wife</u>, my <u>two daughters</u>, my <u>mother</u>, and my <u>grandfather</u>. Our house isn't big, but it has four bedrooms, <u>three</u> bathrooms, a nice <u>kitchen</u>, and a living room. But there is no garage. It's a problem for me because I have a <u>new</u> car. It's a <u>white</u> SUV.

My <u>wife</u> and my mom are working today at a very nice <u>store</u> downtown. They have excellent jobs and are very <u>happy</u> there. My kids go to a good public school. They are both very <u>intelligent</u> girls. They speak English and Spanish and are studying <u>Chinese</u>. My <u>grandfather</u> isn't working any more, because he has problems with his <u>back</u>.

Next <u>Monday</u>, I'm not going to work. I'm preparing everything for a long trip to Mexico. Every <u>December</u> my family has a big party at our farm near <u>Mexico City</u>. The farm is in the <u>mountains</u>, and we need to buy special <u>clothing</u> and <u>food</u>. This week I have to work extra hours to pay for the trip. Today I am working two hours overtime.

Cuentos como el anterior son un buen método para aprender más vocabulario y gramática. Una técnica muy común que se emplea con este tipo de ejercicio es la de reemplazar las palabras que se encuentran subrayadas. Por lo tanto, quita esas palabras y llena los espacios con el vocabulario apropiado. Haz lo mismo con las palabras de acción. Esta clase de práctica parece ser más efectiva cuando los cuentos relatan experiencias personales de la vida diaria.

Some Questions for You (Unas preguntas para ti)

Aquí tienes unas preguntas de uso diario que es muy importante que entiendas. *Please*, contesta con frases cortas, ya sea que las escribas o las hables en voz alta:

How are you today?
What's your full name?
What's your telephone number?
What's your email address?

¡AVISOS!

- ¡Usa el internet! El inglés está por todos lados.

- ¡Obtén diferentes tipos de literatura en inglés! Además de libros, revistas y periódicos, junta catálogos, folletos, carteles, formularios, avisos, y cualquier otro papel que tenga dibujos con palabras escritas en inglés.

- *Bookstores* (librerías), *libraries* (bibliotecas), *stationery stores* (papelerías) y *news-stands* (quioscos) venden o prestan una variedad de literatura. ¡Lo bueno de leer es que puedes practicar los sonidos a la misma vez!

- En la casa, practica tu lectura en voz alta. Agarra tu celular y graba tu voz y escúchala. Nota cualquier problema que tengas con la pronunciación. Para obtener mejores resultados, lee todo con la ayuda de un norteamericano.

- Memoriza bromas, trabalenguas, rimas y canciones folklóricas. Es una manera fantástica para ganar confianza con el nuevo idioma.

- Descarga aplicaciones a tu celular.

Lo siento. Tendrás que buscar y revisar tus respuestas sin ayuda. Cuando termines, repásalas con tus familiares y amigos.

Whose book is this?
Do you have an electric car?
What time is it right now?
What day is it today?
What's the weather like today?
What are three parts of the human body?
How many sisters do you have?
Who's your doctor?
Is your house near a park?
Where is your sofa?
What city and country are you from?
Are you hungry?
How old are you?
What are you doing now?
What is your family doing?
When do you speak English?
Who is your favorite person?

Ahora, otras preguntas que no son tan fáciles como las anteriores. ¡Cuidado con tus respuestas!

How much English do you know?
Where are you going tomorrow?
Why is it important to wash your hands every day?
Who was the first president of the United States?
When did you go to bed last night?
How many Spanish-speaking countries are there in Europe?
Why are many people afraid of black cats?
Which sports can you play?
How do you like to practice English?
Whom do you text every day?
How many tall trees are near your house?

Unos secretos para el éxito

- Respeta y sé consciente de las diferencias culturales.
- Acostúmbrate a usar **English** regularmente.
- Memoriza vocabulario nuevo cada día usando cualquier método de aprendizaje que te guste.
- Experimenta, arriésgate y adivina cuando no estés seguro.
- Sigue las prácticas y actividades mencionadas en esta guía de instrucción en inglés. Este libro te ofrece sólo una base de lo que será toda una experiencia para aprender un nuevo idioma. Siempre pregunta y escucha con atención; esto te ayudará a construir tu nuevo lenguaje.
- Trata de relajarte antes de lanzarte a aprender y hablar. Sigue los consejos de tu libro favorito sobre la cura para el **stress** (tensión).
- No te detengas a traducir en medio de una conversación. Mientras estés escuchando, concéntrate primero en el tema o contenido; así obtendrás siquiera una idea de lo que te están diciendo.
- Si tú eres una persona emprendedora, a quien le gustan las actividades sociales y la diversión, te será mucho más fácil aprender. Siempre es mejor mantener una actitud informal y tranquila.
- Cuando te encuentres en una situación vergonzosa, confundido y sin recordar como decir algo en inglés, confía en estas frases como ayuda:

    I'm sorry.   [áim sári]   Lo siento.
    I don't remember the word.   [ái dont rimémber de uérd]
        No recuerdo la palabra.
    I'm studying English.   [áim stádiin ínglech]
        Estoy estudiando inglés.

- Por favor, di **please**. El inglés te llevará muy lejos si usas la cortesía. Cuanto más respetuoso seas, más inglés aprenderás. Practica mucho tus "buenas maneras." ¡Y siempre sé sincero!
- ¡Sé paciente! Yo sé lo que significa estar ocupado. Pero la vida es muy corta para dejar pasar las pocas oportunidades que se nos presentan. Créeme, usa todos tus momentos libres para practicar el inglés, o luego te arrepentirás de no haberlo hecho.
- El inglés y las costumbres entre los norteamericanos pueden variar de ciudad en ciudad. Por eso es importante que estés atento a las diferencias entre las personas que vas conociendo. ¡Trata de volverte un experto en adivinar de que región vienen!

Cosas para recordar

- Las palabras en inglés **no se pronuncian de la misma manera que están escritas**.
- **La cultura norteamericana tiene costumbres muy diferentes** y una manera de socializar "extranjera" que poco a poco irás entendiendo.
- **Vas a encontrar diferencias entre las dos gramáticas**, así como la regla del reverso y la regla de muchos.
- Aunque muchas palabras y frases en inglés suenan igual, **no tienen el mismo significado**.
- El mejor método para aprender inglés es el de **conversar con los norteamericanos**. Aunque no es fácil, trata de hacerlo.
- El inglés está lleno de expresiones que **no pueden ser traducidas palabra por palabra**.
- Muchos de **los americanos hablan el inglés muy rápido** y no pronuncian las palabras claramente, lo cual te puede dificultar el aprendizaje. Ten paciencia.
- En inglés, **el sonido de la última letra** en cada palabra es muy importante.
- El alfabeto, los acentos, las mayúsculas, la puntuación y otras **formas de escritura cambian en los dos idiomas**. Si quieres tener éxito en los Estados Unidos, debes aprender a leer y a escribir en inglés.
- El estudio de la gramática avanzada requiere **la memorización de cientos de verbos** o palabras de acción.

De ti depende cuanto inglés puedas llegar a entender y a hablar más adelante. Espero que esta guía tan fácil de seguir haya hecho que tu experiencia al aprender un nuevo idioma sea mucho más agradable y libre de las presiones que te puede dar un programa de aprendizaje tradicional. Probablemente, en este momento ya habrás descubierto como usar este libro de la mejor manera para conseguir los mejores resultados. ¡Usa **Inglés para Latinos** de la forma que tú quieras! Hazlo a tu propio ritmo, tómate el tiempo que necesites, y lee nuevamente sólo esas páginas que sean de más interés para ti. Te garantizo que algo de conocimiento adquirirás.

Your teacher and friend,

Bill

Apéndice

Respuestas de ¡APUESTO QUE SÍ PUEDES!

Common Expressions (Expresiones comunes)

English Irregular Verbs (Verbos irregulares en inglés)

Vocabulary (Vocabulario)

Respuestas de
¡APUESTO QUE SÍ PUEDES!

SIMPLE ENGLISH WORDS (p. 8)

1. (p. 17)

hombre	teléfono	agua
carro	casa	mujer

work—trabajo
bathroom—baño
child—niño
friend—amigo
food—comida

same
nothing
last
none

2. (p. 22)
I'm Puerto Rican.
What's your phone number?
Who's the president?

3. (p. 25)
tres plumas amarillas
seis mesas negras
dos libros verdes
nueve sillas rojas
cinco lápices azules

Ese es un escritorio negro y grande.
Este papel es blanco y bueno.
Esos siete cuadernos son anaranjados.

COLORS (p. 25)

edr	**red**
bleu	**blue**
ngeer	**green**
lyelwo	**yellow**
lkacb	**black**
nrbwo	**brown**
ihtew	**white**
yrag	**gray**
rplupe	**purple**
gnroae	**orange**

4. (p. 31)
El Sr. Sanchez es el maestro.
El Sr. Sanchez es un maestro.

Este es un libro.
Este es el libro.

¿Dónde está la mesa?
¿Dónde está una mesa?

a
an
an
a
an
a
a
a
an

5. (p. 37)
¿Cómo te llamas?
¿Cuál es tu dirección?
¿Cuál es tu número de teléfono celular?
¿Cuál es tu nacionalidad?
¿Qué pasa?

6. (p. 40)
¿Cuántas sillas azules?
¿Cuántos carros negros?
¿Cuántas casas marrones?
¿Cuánto inglés?
¿Cuánto dinero?
¿Cuánto tiempo?

7. (p. 42)
Where?	*Guatemala*
When?	*2:30 p.m.*
How much?	*$5.00*
How many?	*nine books*
What color?	*red*
Why?	*Because it's important!*
Who?	*Mary*

8. (p. 45)
He	*John*
She	*Maria*
It	*a book*
They	*six pens*
We	*you and I*

¿Qué? ¿Cómo? ¿Cuál? ¿Dónde? ¿Cuándo? ¿Cuántos? ¿Cuánto? ¿Por qué? ¿Quién? ¿De quién?

QUESTION WORDS (p. 47)

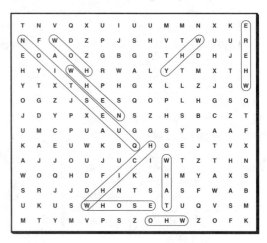

9. (p. 53)
Ella tiene veinticinco años.
Este es mi tercer libro.
Mi número de teléfono es
cinco-uno-siete-seis-nueve-cuatro-ocho.
twenty-six
three thousand
nineteen
5th

10. (p. 55)
	1:10
32	9:55
91	12:00 a.m.
400	2:00 p.m.
7,000	8:00 a.m.
5,000,000	4:00
0	3:30

11. (p. 58)
Tuesday	martes
June	junio
Friday	viernes
December	diciembre
Wednesday	miércoles
February	febrero
summer	verano
Thursday	jueves
January	enero
winter	invierno
meeting	reunión

12. (p. 60)

Está lloviendo aquí y nevando allí.
Hay nubes en el cielo.
Está muy bonito y despejado.
¿Dónde están las estrellas y la luna?
Hace viento y frío en el invierno.
Este fuego está rojo y ese humo está negro.

THE MONTHS (p. 61)

YAUANRJ	*JANUARY*
MEECDRBE	*DECEMBER*
CRHMA	*MARCH*
JYUL	*JULY*
TOROCBE	*OCTOBER*
EUNJ	*JUNE*
FURAREBY	*FEBRUARY*
EPTBMESRE	*SEPTEMBER*
RAPIL	*APRIL*
USUTGA	*AUGUST*
AYM	*MAY*
VMBNREEO	*NOVEMBER*

13. (p. 65)

Ese es el carro de Tom.
Estos son buenos.
Es el diez de septiembre.
Cinco y cinco son diez.
Son las ocho y media de la noche.
Hay un problema.
Hay problemas.
is
are
are
is
are
is
are
is
are
is
is

14. (p. 69)

cabeza
nariz
hombro
estómago
cuello

pie
pierna
rodilla

15. (p. 71)

Los paramédicos están en la ambulancia.
Tiene dolor en el codo.
él tiene cortaduras y sangre en los brazos.
nose, mouth, eyes, ear

16. (p. 75)

wife
grandmother
girl
girlfriend
mother
daughter
sister
aunt

cousins	primos
buddies	compañeros
children	niños
parents	padres
nobody	nadie
people	gente
married	casado
teenager	adolescente
mom	mamá
partner	socio

17. (p. 78)

La Sra. Davis es una buena abogada.
Ese maestro está muy ocupado.
Mi hermana es una estudiante de inglés.
Aquellos atletas son amigos de Marcos.
Hay cinco meseros en el restaurante.
¿Dónde está el gerente de los departamentos?
¿Por qué está aquí el policía?
Miguel y Jorge son mis mecánicos.

soldier	soldado
nurse	enfermero
cashier	cajero
writer	escritor
firefighter	bombero
gardener	jardinero
maid	criada

18. (p. 80)

The secretary and the boss are at the meeting.
The teacher and the student are at the computer.
The lawyer and the clerk are at the office.
The manager and the engineer are at the factory.
The doctor and the nurse are at the machine.
Where are the schedules and the forms?
Where are the paychecks and the time cards?

19. (p. 83)

big	little	weak	débil
pretty	ugly	easy	fácil
thin	fat	full	lleno
hot	cold	crazy	loco
old	new	cheap	barato
hard	soft	strong	fuerte
clean	dirty	poor	pobre
good	bad		
short	long		

THE FAMILY (p. 89)

20. (p. 88)

La alfombra y las cortinas nuevas son negras y rojas.
¿Dónde están los gabinetes y tocadores grandes?
El horno y la estufa están muy sucios.
¿Cuántas puertas y ventanas hay (están) en la casa?

Hay muchas escobas y trapeadores en el gabinete.

21. (p. 94)

bank	banco
church	iglesia
factory	fábrica
cinema	cine
library	biblioteca
store	tienda

dishes	silverware
garden	yard
cement	brick
nail	hammer
house	home
pan	pot
college	school

22. (p. 97)

airport.
the restaurant.
at the gas station/garage.
They're at the zoo.

23. (p. 99)

Spanish	Spain
European	Europe
English	England
Japanese	Japan
Irish	Ireland
German	Germany
French	France
Italian	Italy

24. (p. 102)

Esos chivos son muy feos.
Ese camello es grande y pardo.
¿Dónde están los perros y gatos pequeños?
Hay muchos insectos en las flores.
¿Cuántas moscas hay en la cocina?
Los puercos gordos están en el lodo.
Mi nuevo caballo está en el patio.
Los dos patos blancos están en el agua.
Las vacas y ovejas están en el pasto alto.
Las hormigas negras están en las ramas del árbol.

Apéndice

25. (p. 103)

There are elephants and monkeys in the jungle.
There are snakes and camels in the desert.
There are ducks and fish in the lake.
There are pigs and chickens on the farm.
There are dogs, cats, and birds in the house!

26. (p. 106)

C
A
B

27. (p. 107)

Los tenedores y las cucharas están en la mesa.	¿Pero dónde están las servilletas blancas?
Están en la cocina.	¿Qué es eso?
Es una lata de maíz.	¿Dónde está la lechuga?
En el refrigerador.	¿A qué hora es la cena?
	¡Tengo hambre!
A las seis.	¡Qué bueno!

bottle	botella
bowl	plato hondo
cup	taza
bag	bolsa
tablecloth	mantel
vase	florero

28. (p. 109)

knife	*fork*
beer	*wine*
sour	*sweet*
cream	*sugar*
tea	*coffee*

29. (p. 113)

dress	vestido
boots	botas
cap	gorra
shirt	camisa

tie	corbata
blouse	blusa
skirt	falda
gloves	guantes
shoes	zapatos

30. (p. 113)

La nueva blusa roja de María está en la lavadora.
Estos nuevos zapatos negros son muy bonitos.
Hay una mancha grande en su chaqueta.
Mi vestido favorito está en la lavandería.
¿De quién es este cinturón pardo?
¿Cuánto cuestan los calzoncillos y los pantalones?
Mueve tus botas, por favor. ¡Están en la mesa de la cocina!

31. (p. 114)

oro	*gold*
perlas	*pearls*
bastón	*cane*
anillo	*ring*
maleta	*suitcase*
plata	*silver*
peine	*comb*

32. (p. 116)

Puedo servirle?	Sí, por favor. Ese collar de plata es bonito. Quiero probármelo.
Bien, ningún problema.	¡Me gusta! ¿Cuánto cuesta?
Doscientos dólares.	¡Fantástico! Me quedo con esto.
Bien, ¿algo más?	Sí, y este perfume.

Esas botas y esos zapatos son muy caros.
¿En cuál departamento están las chaquetas y los suéteres?
Me quedo con esta blusa, pero esta falda no me queda bien.

33. (p. 118)
Drink the milk
Close the door
Write the name
Call the clerk
Turn off the lights

34. (p. 119)
Let's go! ¡Vamos!
Wake up! ¡Despiértate!
Give it to me! ¡Dámelo!
Stand up! ¡Levántate!
Sit down! ¡Siéntate!

FOODS (p. 120)

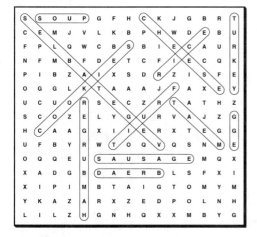

35. (p. 125)
Soy estudiante.
Él es americano.
Tú eres mi amigo.
Kathy está en el hospital.
Los estudiantes son inteligentes.
Felipe y Pancho tienen dieciséis años.
Estamos muy felices.
¿Tienen calor tú y Juan?
¿Son las diez y cuarto?
¿Hay algún problema?
is
are
are
is
am, is
are
are
are

36. (p. 126)
Mr. Villa isn't here.
The chairs aren't blue.
I'm not from Chile.
It's not important.
This isn't my soda.

We are not in the hospital.
It is not seven o'clock.
They are not hungry.

37. (p. 127)
don't
doesn't
don't
doesn't
don't
don't
doesn't

38. (p. 129)
have
has
has
has
have
has
have
has

39. (p. 131)
drives
plays
writes
walks

40. (p. 132)
do
does
do
does
do
do

41. (p. 134)

dream	soñar
fight	pelear
find	encontrar
help	ayudar
swim	nadar
cut	cortar
cook	cocinar
kiss	besar
cry	llorar

42. (p. 135)

¿Dónde está María? Ella está trabajando. Está limpiando mesas y lavando platos en el restaurante italiano.

Bill y Cecilia se están besando en el carro.

Mi padre no está escuchando al podcast.

El bebé está llorando, y su hermana está gritando.

Esos árboles en el jardín están creciendo rápido.

¿Está usando una impresora la gerente en la oficina?

Tomás nos está escuchando y contestando nuestras preguntas.

43. (p. 138)

Voy a Argentina.
No vamos a Texas.
Fred va a correr.
La Sra. Edwards no va a cocinar.
Bailaremos en el club.
No manejaremos al desierto.
¿Qué vas a hacer?
¿Adónde vas?

44. (p. 139)

was
was
were
were

45. (p. 141)

We sold vegetables.
Linda went to church.
He drove a bus.
They drank wine.
Bob had fantastic parties!

¿Qué pasó a las doce?
Pedro y yo hicimos el trabajo en el jardín.
Tenían una fiesta en el hotel.
Todos fueron al cine.
El Sr. y la Sra. Thomas compraron el carro.
Los niños jugaron en el parque el sábado.
Escribimos mucho en nuestra clase de inglés.
Mi hermano comió el sandwich y tomó la leche.
¿Manejaste tu carro ayer?
No fui a la iglesia a las nueve.

COMMON ACTIONS (p. 143)

RWKO	*WORK*
VRIDE	*DRIVE*
DAER	*READ*
YSDTU	*STUDY*
VAELE	*LEAVE*
IREWT	*WRITE*
WCHTA	*WATCH*
UNRETR	*RETURN*
AKESP	*SPEAK*
RDNKI	*DRINK*
CANED	*DANCE*
PELSE	*SLEEP*

46. (p. 147)

later
always
until dusk
next week

I'm going to study.

We drove to the beach.

47. (p. 149)

Anda afuera y mira debajo de ese árbol.
Tu perro está corriendo alrededor de mi patio y a lo largo de la cerca.
Voy a la gasolinera cerca de la escuela.
Está entre el hospital y el supermercado.

WHEN? (p. 153)

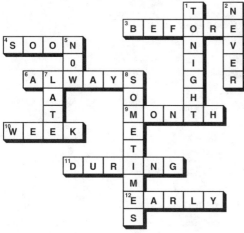

48. (p. 157)

Yes
Yes
Five

stadium	estadio
net	red
ball	pelota
team	equipo
game	juego
coach	entrenador

49. (p. 160)

chess	checkers
jokes	tricks
comedy	tragedy
trumpet	drum
coins	stamps

50. (p. 163)

Susan
To a concert
On Saturday

51. (p. 166)

magazine	revista
thread	hilo
soap	jabón
tire	neumático
match	fósforo
oil	aceite
envelope	sobre
newspaper	periódico

52. (p. 166)

X	multiply
.05	nickel
+	add
.01	penny
$	dollars
.25	quarter

53. (p. 169)

four
sixteen
five thousand two hundred eighty

ht.	height	Dr.	Doctor
U.S.A.	United States of America	Ave.	Avenue
Fri.	Friday	Apt.	Apartment
&	and	St.	Street
Aug.	August	Sun.	Sunday

SPORTS (p. 172)

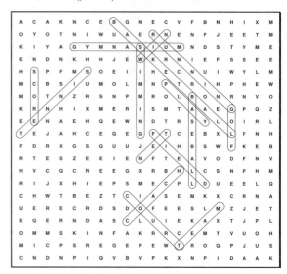

Common Expressions (Expresiones comunes)

ENGLISH	ESPAÑOL
And you?	¿Y tú?
At night.	De noche.
At___o'clock	A las ___.
Can you help me?	¿Puedes ayudarme?
Congratulations!	¡Felicitaciones!
Do you have ___?	¿Tienes ___?
Do you know?	¿Sabes?
Do you like it?	¿Te gusta?
Do you need help?	¿Necesitas ayuda?
Do you speak Spanish?	¿Hablas español?
Do you understand?	¿Entiendes?
Do you want ___?	¿Quieres ___?
Excuse me.	Con permiso.
Good afternoon.	Buenas tardes.
Good luck!	¡Buena suerte!
Good morning.	Buenos días.
Good night.	Buenas noches.
Happy birthday!	¡Feliz cumpleaños!
Happy Easter!	¡Feliz Pascua!
Help!	¡Socorro!
Hi!	¡Hola!
How are you?	¿Cómo estás?
How many?	¿Cuántos?
How much?	¿Cuánto?
How old are you?	¿Cuántos años tienes?
How's the weather?	¿Qué tiempo hace?
I don't know.	No sé.
I don't remember.	No recuerdo.
I don't understand.	No entiendo.
I have it.	Lo tengo.
I like it.	Me gusta.
I live at___.	Vivo en ___.
I need the___.	Necesito ___.
I put on the___.	Me pongo ___.
I speak a little___.	Hablo un poquito ___.
I take off the___.	Me quito ___.
I want the___.	Quiero ___.
I'm hungry.	Tengo hambre.
I'm learning Spanish.	Estoy aprendiendo español.
I'm sick.	Estoy enfermo.
I'm sorry.	Lo siento.
I'm thirsty.	Tengo sed.

It's ___ o'clock.	Son las ___.
It's cold.	Hace frío.
It's hot.	Hace calor.
It's raining.	Está lloviendo.
It's snowing.	Está nevando.
It's sunny.	Hace sol.
Me neither.	Yo tampoco.
Me too.	Yo también.
Merry Christmas!	¡Feliz Navidad!
My name is ___.	Me llamo ___.
Not much.	Sin novedad.
See you later.	Hasta luego.
Speak more slowly.	Habla más despacio.
Sure.	Claro.
Thanks a lot.	Muchas gracias.
That's great!	¡Qué bueno!
There is/There are ___.	Hay ___.
Very good.	Muy bueno.
Welcome!	¡Bienvenidos!
What time is it?	¿Qué hora es?
What?	¿Qué?
What's going on?	¿Qué pasa?
What's the date?	¿Cuál es la fecha?
What's the matter?	¿Qué te pasa?
What's your name?	¿Cómo te llamas?
When?	¿Cuándo?
Where do you live?	¿Dónde vives?
Where is it?	¿Dónde está?
Which one?	¿Cuál?
Who?	¿Quién?
Why?	¿Por qué?
You're welcome.	De nada.

English Irregular Verbs
(Verbos irregulares en inglés)

Muchos verbos en inglés son muy sencillos: basta con añadir **ed** al verbo para que éste indique el tiempo pasado. Por ejemplo, si es **play** [pléi] (juego) le añadimos **ed**, éste se convierte en **played** [pléid] (jugué). El **past participle** [past párticipol] (participio pasado) también se logra añadiendo **ed** (**played**: jugado).

Pero también hay verbos irregulares y hay que aprenderlos de memoria. Aquí tienes una lista básica:

PRESENT	PAST	PAST PARTICIPLE	SPANISH
awake [auéic]	**awoke** [auóc]	**awoken** [auóquen]	despertar
become [bicám]	**became** [biquéim]	**become** [bicám]	llegar a ser
begin [beguín]	**began** [bigán]	**begun** [bigán]	comenzar
bend [bend]	**bent** [bent]	**bent** [bent]	doblar
bet [bet]	**bet** [bet]	**bet** [bet]	apostar
bite [báit]	**bit** [bit]	**bitten** [bíten]	morder
bleed [blid]	**bled** [bled]	**bled** [bled]	sangrar
blow [blóu]	**blew** [blu]	**blown** [blóun]	soplar
break [bréic]	**broke** [bróuc]	**broken** [bróquen]	romper
bring [bring]	**brought** [brot]	**brought** [brot]	traer
build [bild]	**built** [bilt]	**built** [bilt]	construir
catch [cach]	**caught** [cot]	**caught** [cot]	agarrar, pescar
choose [chus]	**chose** [chóus]	**chosen** [chósen]	elegir
come [cam]	**came** [quéim]	**come** [cam]	venir
cost [cost]	**cost** [cost]	**cost** [cost]	costar
cut [cat]	**cut** [cat]	**cut** [cat]	cortar
dig [dig]	**dug** [dag]	**dug** [dag]	cavar
do [du]	**did** [did]	**done** [dan]	hacer
draw [dro]	**drew** [dru]	**drawn** [dron]	dibujar
drink [drinc]	**drank** [dranc]	**drunk** [dranc]	beber
drive [dráiv]	**drove** [dróuv]	**driven** [dríven]	conducir
eat [it]	**ate** [éit]	**eaten** [íten]	comer
fall [fol]	**fell** [fel]	**fallen** [fólen]	caer
feed [fid]	**fed** [fed]	**fed** [fed]	alimentar
feel [fil]	**felt** [felt]	**felt** [felt]	sentir
fight [fáit]	**fought** [fot]	**fought** [fot]	pelear
find [fáind]	**found** [fáund]	**found** [fáund]	encontrar
fly [flái]	**flew** [flu]	**flown** [flóun]	volar
forget [forguét]	**forgot** [forgót]	**forgotten** [forgóten]	olvidar
get [guét]	**got** [got]	**gotten, got** [góten, got]	obtener, lograr
give [guív]	**gave** [guéiv]	**given** [guíven]	dar
go [go]	**went** [uént]	**gone** [gon]	ir
grow [gróu]	**grew** [gru]	**grown** [gróun]	crecer
have [jaf]	**had** [jad]	**had** [jad]	tener
hear [jíar]	**heard** [jerd]	**heard** [jerd]	oír
hide [jáid]	**hid** [jid]	**hidden** [jíden]	esconder
hit [jit]	**hit** [jit]	**hit** [jit]	golpear
hold [jold]	**held** [jeld]	**held** [jeld]	sujetar, sostener
keep [quíp]	**kept** [quépt]	**kept** [quépt]	guardar
know [nóu]	**knew** [níu]	**known** [nóun]	saber, conocer

PRESENT	PAST	PAST PARTICIPLE	SPANISH
leave [liv]	**left** [left]	**left** [left]	dejar
lend [lend]	**lent** [lent]	**lent** [lent]	prestar
let [let]	**let** [let]	**let** [let]	permitir, dejar
lose [lus]	**lost** [lost]	**lost** [lost]	perder
make [méic]	**made** [méid]	**made** [méid]	hacer
meet [mit]	**met** [met]	**met** [met]	encontrar, juntarse
owe [óu]	**owed** [óud]	**owed** [óud]	deber, adeudar
pay [péi]	**paid** [péid]	**paid** [péid]	pagar
read [rid]	**read** [rid]	**read** [rid]	leer
ride [ráid]	**rode** [róud]	**ridden** [ríden]	viajar o ir en vehículo, montar
run [ran]	**ran** [ran]	**run** [ran]	correr
see [si]	**saw** [so]	**seen** [sin]	ver
sell [sel]	**sold** [sold]	**sold** [sold]	vender
send [send]	**sent** [sent]	**sent** [sent]	enviar
show [chóu]	**showed** [chóud]	**shown** [chóun]	mostrar
sing [sing]	**sang** [sang]	**sung** [sang]	cantar
sink [sinc]	**sank** [sanc]	**sunk** [sanc]	hundir
sit [sit]	**sat** [sat]	**sat** [sat]	sentarse
sleep [slip]	**slept** [slept]	**slept** [slept]	dormir
speak [spic]	**spoke** [spóuc]	**spoken** [spóquen]	hablar
spend [spend]	**spent** [spent]	**spent** [spent]	gastar
stand [stand]	**stood** [stud]	**stood** [stud]	estar de pie, pararse, durar, persistir
steal [stil]	**stole** [stóul]	**stolen** [stóulen]	robar
sweep [suíp]	**swept** [suépt]	**swept** [suépt]	barrer
swim [suím]	**swam** [suám]	**swum** [suám]	nadar
take [téic]	**took** [tuc]	**taken** [téiquen]	tomar
teach [tich]	**taught** [tot]	**taught** [tot]	enseñar
tear [tíar]	**tore** [tóar]	**torn** [torn]	desgarrar
tell [tel]	**told** [told]	**told** [told]	contar
think [sinc]	**thought** [sot]	**thought** [sot]	pensar
throw [sróu]	**threw** [sru]	**thrown** [sróun]	tirar, lanzar
wake [uéic]	**woke** [uóc]	**woke** [uóc]	despertar
wear [uéar]	**wore** [uór]	**worn** [uórn]	vestir, llevar puesto, usar, calzar
win [uín]	**won** [uón]	**won** [uón]	ganar
write [ráit]	**wrote** [róut]	**written** [ríten]	escribir

EXAMPLE:
I __speak__ English every day. I __spoke__ English yesterday. I have __spoken__ English many times.

Vocabulary (Vocabulario)

Español—Inglés

A

a to
a lo largo de along
a veces sometimes
abajo downward
abeja bee
abierto open
abogado lawyer
abrazo hug
abrigo overcoat
abril April
abrir to open
abuela grandmother
abuelo grandfather
aburrido bored
acá here
acción action
aceite oil
acera sidewalk
acerca de about
acondicionador conditioner
acostarse to lie down
acre acre
actriz actress
actuación acting
adaptadora adapter
adelante go ahead; forward
además besides
adiós good-bye
adivinar to guess
administración management, admin
aduana customs
aeropuerto airport
afuera outside
afueras outskirts
agencia agency
agencia de viajes travel agency
agosto August
agradable pleasant
agrio sour
agua water
aguja needle
ahí there

ahora nowadays
ahorita right now
ahorrar to save
aire acondicionado air conditioning
ajedrez chess
ajo garlic
al revés backward
alambre wire
alarma alarm
alfiler pin
alfombra rug
alguien someone
algunos some
alicates pliers
allá over there
alma soul
almacén warehouse
almohada pillow
alrededor de around
alto tall; stop
amante lover
amar to love
amargo bitter
amarillo yellow
ambos both
amigo friend
amistoso friendly
amor love
amortiguador shock
anaranjado orange
ancho wide
ángel angel
anillo ring
animal animal
animal de peluche stuffed toy
aniversario anniversary
año year
anoche last night
anochecer dusk
ansioso anxious
anteayer the day before yesterday
antes before
antigüedades antiques

anuncio announcement
apartamento apartment
apasionado passionate
apellido last name
apenas just
aplicación application
aplicado studious
apostar to bet
aprender to learn
aprovechar to take advantage
aquellos, aquellas those (over there)
aquí here
araña spider
árbol tree
arbusto bush
archivar to file
archivo file
archivero file cabinet
arena sand
arete earring
arma weapon
arpa harpa
arquitecto architect
arreglar to arrange
arriba upward
arroz rice
asfalto asphalt
asistente assistant
asistir to attend
áspero rough
aspiradora vacuum cleaner
astronauta astronaut
atleta athlete
atractivo cute
audífonos headset (earbuds)
aún still
autobús bus
avenida avenue
avión airplane
ayer yesterday
ayudante helper
azúcar sugar
azul blue

B

bahía bay
bailar to dance
baile dance
bajo short, low

balde bucket
baldosa floor tile
baloncesto basketball
banco (comercio) bank; (mueble) bench
bandera flag
baño bathroom
barato cheap
barco boat
barrio neighborhood
básico basic
bastante enough
basura trash
bata de baño bathrobe
batería battery
batido de leche milkshake
bebé baby
beber to drink
bebida drink
béisbol baseball
bella beautiful
besar to kiss
beso kiss
Biblia Bible
biblioteca library
bicicleta bicycle
bienvenidos welcome
billón billion
bistec steak
blanco white
blando soft
blanqueador bleach
blusa blouse
bluyín jeans
bocina horn (auto)
boda wedding
bola ball
boleto ticket
boliche bowling
bolsa bag; purse
bombero firefighter
bonito pretty
bosque forest
bota boot
bote de basura trash can
botella bottle
botones bellboy
boxeo boxing
brazalete bracelet
brevemente briefly

brillante bright
broche brooch
buceo diving
bueno good
bufanda scarf
bujía sparkplug
buscar to look for

C

caballo horse
cada each
cadena chain
café coffee
cafetera coffee pot
caja box
cajero cashier
cajero automático ATM
cajón drawer
calcetines socks
caldo broth
calefacción heating
calendario calendar
calentamiento global global warming
caliente hot
calle street
calor heat
caluroso warm
calvo bald
calzoncillos shorts
cama bed
cámara camera
camarón shrimp
cambio change
camello camel
caminar to walk
camino road
camión truck
camionero truck driver
camisa shirt
camiseta T-shirt
campeón champion
campesino farmer
campo field; countryside
cancha court
canción song
cangrejo crab
cansado tired
cantante singer
cantar to sing

cántaro pitcher
cantina bar
capítulo chapter
cárcel jail
cargador charger
caricatura cartoon
carne meat
carnicería meat market
carnicero butcher
caro expensive
carpintero carpenter
carretera highway
carro car
carta letter; **(de la baraja)** card
cartera wallet
cartón cardboard
casa house
casco helmet
casi almost
castigo punishment
católico Catholic
catorce fourteen
cebolla onion
cebra zebra
ceder el paso to yield
celebrar to celebrate
celoso jealous
cementerio cemetery
cemento cement
ceño frown
centímetro centimeter
centro (zona de comercio) downtown
centro comercial shopping center
Centroamérica Central America
cepillo brush
cepillo de dientes toothbrush
cerca near; (muro) fence
cerdo pork
cerebro brain
cereza cherry
cero zero
cerrado closed
cerradura lock
cerrar to close
cerro hill
cerveza beer
chaleco vest
champú shampoo
¡chao! bye

chaqueta jacket
cheque check
chicle gum
chico small
chimenea chimney
chiste joke
chistoso funny
chivo goat
cielo heaven
cien hundred
científico scientist
cientos hundreds
cierto certain
cigarrillo cigarette
cinco five
cincuenta fifty
cine cinema
cinta ribbon
cinturón belt
circo circus
círculo circle
cirujano surgeon
cita appointment
clarinete clarinet
claro light (color)
clavo nail
cliente client
clima weather; climate
clínica clinic
cliquear to click
cobarde coward
cobija blanket
cocido cooked
cocina kitchen
cocinar to cook
cocinero chef
código de área area code
collar necklace
comedor dining room
cometa (juguete) kite
comida food
¿Cómo? How?
compañero buddy, pal
compañero del cuarto roommate
compañero del trabajo coworker
computadora computer
computadora portátil laptop
comunidad community
comunismo communism

con with
concierto concert
condominio condominium
conectado connected
conferencia conference
confiar to trust
conmigo with me
construir to build
contador accountant
contaminación pollution
contestar to answer
contigo with you
contra against
contrario opposite
contraseña password
contrato contract
controlar to control
conversación conversation
conversar to chat
copiadora copier
corazón heart
corbata tie
correctamente correctly
correcto correct; right
correo mail; post office
correo electrónico email
correr to run
corrimiento de tierras landslide
cortar to cut
cortauñas nail clippers
corte (tribunal) court
corte de pelo haircut
cortinas curtains
corto (longitud) short
cosa thing
costa coast
costo cost
crema cream
crema de afeitar shaving cream
criada maid
crimen crime
cristiano Christian
crudo raw
cruel mean
cruz cross
cuaderno notebook
cuadra block
cuadrado square
¿Cuál? Which?

cualquier parte anywhere
cualquier persona anyone
cualquiera any
¿Cuándo? When?
¿Cuánto? How much?
¿Cuántos? How many?
cuarenta forty
cuarto quart
cuatro four
cucaracha cockroach
cuchara spoon
cucharilla teaspoon
cuchillo knife
cuenta bill; account
culpa fault; blame
cumpleaños birthday
cuñada sister-in-law
cuñado brother-in-law
cupón coupon
cura priest

D

dama lady
dar to give
de of; from
de repente suddenly
debajo underneath
débil weak
decir to say; to tell
dejar to leave behind; to allow
del of the; from the
delantal apron
demasiado too much
democracia democracy
dentista dentist
dentro de inside
deporte sport
derecha right
desarrollar to develop
descansar to rest
descarga download
descargar to download
descompuesto out of order; broken
descripción description
descuento discount
descuidado sloppy
desde from
desear to wish
deshonesto dishonest

desierto desert
desodorante deodorant
despacio slow
después afterward
destornillador screwdriver
desván attic
desviación detour
detergente detergent
detrás de behind
deuda debt
día day
diablo devil
diálogo dialog
diamante diamond
diario daily
dibujar to draw
diccionario dictionary
diecinueve nineteen
dieciocho eighteen
dieciseis sixteen
diecisiete seventeen
dieta diet
diez ten
diferente different
difícil difficult
digital digital
dinero money
Dios God
dirección address
discutir to discuss
disponible available
distancia distance
diversión fun
divertirse to have fun
doce twelve
dólar dollar
dolor pain
domingo Sunday
¿Dónde? Where?
dormido asleep
dormir to sleep
dormitorio bedroom
dos two
droga drug
ducha shower
duda doubt
dueño owner
dulce (comida) candy; (sabor) sweet

duplex townhouse
duro hard

E

edificio building
educado well-mannered
efectivamente effectively
ejemplo example
ejercicio exercise
él he; him
el/la, los/las the
electricidad electricity
eléctrico electric
elefante elephant
elegante elegant
elevador elevator
ella she; her
ellas, ellos they
embarazada pregnant
emergencia emergency
empezar to begin
empleado employee
empujar to push
en in; on; at
enchufar to plug
enchufe outlet
encima de above
encontrar to find
enemigo enemy
enero January
enfermedad sickness
enfermero nurse
enfrente de in front of
enganche down payment
enjuague mouthwash
enlace link
enojado angry
ensalada salad
entonces then
entrada entrance
entre between
entrenador coach
entrenamiento training
entrevista interview
equipo (cosas) equipment; (gente) team
equivocado wrong
escalera ladder
escaleras stairs
escenario stage

escoba broom
escribir to write
escribir a máquina to type
escritor writer
escritorio desk
escuchar to listen
escuela school
escúter scooter
ese, esa, eso that
esmalte nail polish
esos, esas those
España Spain
español Spanish
especial special
espejo mirror
esperanza hope
esposa wife
esposo husband
esquiar ski
esquina corner
estación season; station
estacionamiento parking
estacionar to park
estadio stadium
Estados Unidos United States
estar to be
este east
este, esta, esto this
estéreo stereo
estos, estas these
estrecho narrow
estructura structure
estudiante student
estudio study
estufa stove
estúpido stupid
evitar to avoid
examen test
excelente excellent
excusado toilet
experiencia experience
extraño strange

F

fábrica factory
fácil easy
factura invoice
falda skirt
faltar to miss

familia family
famoso famous
fantasma ghost
fantástico fantastic
farmacia pharmacy
favorito favorite
fe faith
febrero February
fecha date
felicitaciones congratulations
fiel faithful
fiesta party
figura de acción action figure
filosofía philosophy
fin end
finca farm
flaco thin
flor flower
florero vase
flotar to float
fondo bottom
forma form
fósforo match
foto picture
fotografía photography
Francia France
frasco jar
frase sentence
fresa strawberry
fresco (comida) fresh; (temperatura) cool
frío cold
frito fried
frontera border
fuegos artificiales fireworks
fuerte strong
fumar to smoke
furioso furious
fútbol soccer
fútbol de mesa foosball

G

gabinete cabinet
galleta cookie
galón gallon
gancho hanger
ganga bargain
garaje garage
garganta throat
gasolinera gas station

gastar to spend
gastos expenses
gato cat
gemelo twin
gente people
gerente manager
gimnasio gymnasium
globo balloon
gobierno government
goma rubber
gordo fat
gorra cap
gracias thanks
gramática grammar
gramo gram
grande big; large
granizo hail
gris gray
gritar to yell
guante glove
guapo handsome
guerra war
guía guide
guisante pea
guitarra guitar

H

habitación (hotel) room
hablar to speak, to talk
hacer to do; to make
hacia toward
hambre hunger
hamburguesa hamburger
hasta until
hay there is; there are
helado ice cream
helicóptero helicopter
hermana sister
hermano brother
hermoso lovely
herramienta tool
hielo ice
hierba grass
hierba mala weed
hígado liver
hija daughter
hijo son
hilo thread
hipopótamo hippopotamus

hoja leaf
hola hello
hombre man
honesto honest
hora time; hour
horario schedule
hormiga ant
hospital hospital
hoy today
huelga strike
huevo egg
humo smoke

I

identificación del usuario user ID
idioma language
iglesia church
igualmente same to you
imán magnet
impermeable raincoat
importante important
impresora printer
imprimir to print
impuesto tax
inalámbrico wireless
incorrecto incorrect
indicador gauge
infierno hell
información information
ingeniero engineer
Inglaterra England
inglés English
ingresos income
inmediatamente immediately
insecto insect
instrumento instrument
inteligente intelligent
interesante interesting
intersección intersection
inundación flood
invierno winter
isla island
izquierda left

J

jabón soap
jalar to pull
jamón ham
Japón Japan

jardín garden
jardinero gardener
jefe boss
Jesucristo Jesus Christ
jirafa giraffe
jóven young
joya jewel
judía verde green bean
judío Jew
juego game
juego de damas checkers
juego de video video game
jueves Thursday
juez judge
jugar to play
jugo juice
julio July
junio June
junta meeting
juntar to join
juntos together
justicia justice

K

kilómetro kilometer

L

la, las the
lado side
ladrillo brick
ladrón thief
lago lake
lágrima tear
lámpara lamp
langosta lobster
lanzar to pitch
lápiz pencil
lápiz de labios lipstick
largo long
lata can
latino Latino, Hispanic (EE.UU.)
lavabo bathroom sink
lavadora washer
lavandería laundromat
lavar to wash
lección lesson
leche milk
lechuga lettuce
leer to read

lejos far
lengua tongue; language
lentes glasses; lenses
lentes del sol sunglasses
lento slow
león lion
letra letter
levantarse to get up
ley law
libra pound
libro book
licencia de chófer driver's license
licuadora blender
limón lemon
limonada lemonade
limpio clean
linda very pretty
lista list
listo ready; clever
litro liter
llave key
llave inglesa wrench
llegar to arrive
lleno full
llevar to carry
llorar to cry
lluvia rain
loco crazy
lodo mud
lote de carros car lot
luego later
lugar place
luna moon
lunes Monday
luz light

M

madera wood
madre mother
madrugada dawn
maduro ripe
maestro teacher
magia magic
magnífico magnificent
maíz corn
maleta suitcase
maletín briefcase
mañana morning; tomorrow
mancha stain

mandato command
manera manner, way
manguera hose
mano hand
mantel tablecloth
mantequilla butter
manzana apple
mapa map
maquillaje makeup
mar sea
maravilloso marvelous
marea tide
martes Tuesday
martillo hammer
marzo March
más more
más tarde later
matrimonio marriage
máximo maximum
mayo May
mayor older
mayoría majority
mecánico mechanic
mediano medium
medianoche midnight
medicina medicine
médico doctor
medio half; middle
mediodía noon
memoria memory
memoria externa external drive
menor younger
menos less
mensaje de texto text message
mentira lie
mes month
mesa table
mesa de noche nightstand
mesera waitress
mesero waiter
método method
metro subway; meter
mi, mis my
microonda microwave
miedo fear
miel honey
miembro member
mientras during
miércoles Wednesday

mil thousand
milagro miracle
milla mile
millón million
millonario millionaire
minoría minority
minuto minute
mío, mía mine
mirar to watch; to look
mismo same
mitad half
mochila backpack
moderno modern
momento moment
moneda coin
mono monkey
montar to ride
montar a caballo to ride a horse
morado purple
moreno dark-haired
mosca fly
mostaza mustard
mostrar to show
motocicleta motorcycle
motor engine
mucho a lot of; much
muchos a lot of; many
mueblería furniture store
muebles furniture
muerte death
muerto dead
mujer woman
mundo world
muñeca doll
museo museum
música music
músico musician
muy very

N

nacimiento birth
nación nation
nacionalidad nationality
nada nothing
nadar to swim
nadie no one
naranja orange
naturaleza nature
navaja razor

nave espacial spaceship
navegar to sail
Navidad Christmas
neblina fog
necesario necessary
negro black
nervioso nervous
neumático tire
nieta granddaughter
nieto grandson
nieve snow
ninguno none
niño child
niños children
noche night
nombre name
Norteamérica North America
nosotros we
nota note
noticia notice
noticias news
novecientos nine hundred
noventa ninety
novia girlfriend
noviembre November
novio boyfriend
novios sweethearts
nube cloud
nudo knot
nuera daughter-in-law
nuestro, nuestros our
nueve nine
nuez nut
número number
número de teléfono telephone number
nunca never

O

o or
obstruir to block
obvio obvious
océano ocean
ochenta eighty
ocho eight
octubre October
odiar to hate
oferta offer
oficina office
ola wave

olla pot
olvidar to forget
once eleven
onza ounce
operación operation
oprimir to press
ordenar to order
orgánico organic
orgulloso proud
oro gold
oscuro dark
oso bear
otoño fall
otra another
otra vez again
oveja sheep

P

padre father
padres parents
pagar to pay
página page
pago payment
pájaro bird
pala shovel
palabra word
palito twig
palo stick
pan bread
panadería bakery
pandilla gang
pantalla screen
pantalones pants
pantuflas slippers
pañuelo handkerchief
papa potato
papel paper
par pair
para for; in order to
parada de autobús bus stop
paraguas umbrella
pardo brown
pareja couple
pariente relative
parque park
partido político political party
pasado past
pasaporte passport
pasar to pass; to happen

pasillo hallway
paso step
pasta de dientes toothpaste
pastel pie
patinar to skate
patines skates
patineta skateboard
patio yard
patio de recreo playground
pato duck
pavo turkey
payaso clown
paz peace
pegar to hit; to stick
peine comb
película movie
peligroso dangerous
pelirrojo red-headed
pelota ball
peluquería barber shop
perder to lose
perdido lost
perezoso lazy
perfectamente perfectly
perfume perfume
periódico newspaper
perla pearl
pero but
perro dog
perro caliente hot dog
persona person
pesadilla nightmare
pesar to weigh
pescado, pez fish
pescador fisherman
pescar to fish
picante hot
pie foot
piedra stone
pijama pajamas
pila battery
pimienta pepper
pintor painter
pintura paint; painting
piscina swimming pool
piso floor
pizarrón whiteboard
placa license plate
plancha iron

planta plant
plantar to plant
plástico plastic
plata silver
plátano banana
platicar to chat
plato plate
pleito fight; lawsuit
plomero plumber
pluma (de escribir) pen
pobre poor
pobreza poverty
poco a little bit
pocos few
podrido rotten
policía police officer; police
política politics
póliza policy
pollo chicken
polvo dust
poner to put
poquito a very little bit
poquitos very few
por for; by; through
por algún lugar somewhere
por eso therefore
por favor please
por fin at last; finally
por ningún lado nowhere
¿Por qué? Why?
por todas partes everywhere
porche porch
porque because
portón gate
posible possible
postre dessert
práctica practice
precio price
precioso precious
pregunta question
presentación introduction
presidente president
prestar to lend
pretencioso stuck up
primavera spring
primer first
primo cousin
probar to try; to taste
problema problem

producto product
profesional professional
programa program
programador programmer
promesa promise
pronóstico forecast
pronto soon
pronunciación pronunciation
propina tip
próximo next
proyector projector
público public
pueblo town
puente bridge
puerco pig
puerta door
puerto port
puesta del sol sunset
pulgada inch
pulmón lung
punta point
punto dot

Q

¿Qué? What?
quebrar to break
querido darling
queso cheese
¿Quién? Who?
quince fifteen
quinientos five hundred
quitar to take away

R

rama branch
rancho ranch
rápido quick
raqueta racket
rascacielos skyscrapers
rastrillo rake
rata rat
rato awhile
ratón mouse
razón reason
recado message
receta recipe
recibir to receive
recibo receipt
reciclable recyclable

recreo recreation
red net
refresco refreshment
refrigerador refrigerator
regar (plantas) to water
reina queen
relajante relaxing
religión religion
reloj clock
reloj de pulsera watch
renunciar to quit
reparar to fix, to repair
repaso review
repisa para libros bookcase
repollo cabbage
reservación reservation
respeto respect
restaurante restaurant
revisar to check
revista magazine
rey king
rico rich
rinoceronte rhinoceros
río river
risa laughter
roca rock
rojo red
romántico romantic
rompecabezas puzzle
ropa clothing
ropa interior underwear
ropero closet
roto broken
rubio blond
ruidoso loud

S

sábado Saturday
sábana sheet
sabor flavor
saco deportivo sports coat
sal salt
sala living room
salado salty
salchicha sausage
salida exit
salir to leave
salsa sauce
salud health

salvaje wild
salvar to save
sanitario restroom
sano healthy
santo saint; holy
sartén frying pan
saxófono saxophone
Se alquila For Rent
Se vende For Sale
secadora dryer
seco dry
secretario secretary
sed thirst
segundo second
seguro sure
seguro social social security
seis six
selva jungle
semáforo traffic light
semana week
semilla seed
señal road sign
señal de parada stop sign
señor Mr.; man
señora Mrs.; lady, woman
señorita Miss; young lady
sentarse to sit down
separado separated
septiembre September
ser to be
serrucho saw
servilleta napkin
sesenta sixty
setecientos seven hundred
setenta seventy
sexo sex
si if
sí yes
siempre always
siete seven
significado meaning
siguiente following
silencio quiet
silla chair
sillón easy chair
símbolo symbol
simpático nice
sin without
sin embargo however

sinceramente sincerely
sincero sincere
sitio place
sobre over; envelope
sobrevivir to survive
socio partner
sofá couch
sol sun
soldado soldier
solo alone
sólo only
soltero single
sombrero hat
soñar to dream
sonido sound
sonrisa smile
sopa soup
sorprendido surprised
sótano basement
su your; his; her; their
suave smooth
sube y baja seesaw
subir to climb
sucio dirty
sudaderas sweatsuit
Sudamérica South America
suegra mother-in-law
suegro father-in-law
sueño dream
suerte luck
suéter sweater
supermercado supermarket
suyo yours; his; hers; theirs

T

tabla de planchar ironing board
tablero (auto) dashboard
taburete stool
taladradora drill
taller shop
tamaño size
también too, also
tambor drum
tampoco neither
tan so
tanque tank
tarde late; afternoon
tarea homework
tarjeta card

tarjeta de crédito credit card
taza cup
té tea
teclado keyboard
tela cloth
teléfono telephone
televisión television, TV
tema theme
temperatura temperature
temprano early
tenedor fork
tener to have
tenis tennis
terminar to finish, to end
termómetro thermometer
terrible terrible
terrífico terrific
tesoro treasure
tía aunt
tiempo time; weather
tienda store
tierra dirt
tigre tiger
tijeras scissors
timbre doorbell
tímido shy
tina bathtub
tinta ink
tío uncle
tirar to throw
tiza chalk
toalla towel
tocador dresser
tocar to touch; (instrumento) to play; (puerta) to knock
todavía yet
todo all
todos los días every day
tomar to take; to drink
tonelada ton
tonto dumb
torcedura sprain
tornado tornado
tornillo screw
toronja grapefruit
torta cake
tostador toaster
trabajo work; job
traducir to translate

traer to bring
tráfico traffic
traje suit
traje de baño swimsuit
trapeador mop
traste dish
trece thirteen
treinta thirty
tren train
tres three
trombón trombone
tu your
tú you
tubería plumbing
turista tourist
tuyo yours

U

último last
un, una a
una vez once
universidad university
uno one
unos, unas some
usted you
ustedes you (pl.)
usualmente usually
uva grape

V

vaca cow
vacación vacation
vacío empty
valiente brave
valle valley
varios several
vaso (para beber) glass
vegetariano vegetarian
veinte twenty
vejiga bladder
venado deer
vendedor salesman
vender to sell
venta sale

ventana window
ventanilla window
ventilador fan
verano summer
verdad truth
verde green
vestido dress
vestirse to get dressed
viajar to travel
víbora snake
vida life
videojuego video game
vidrio glass (material)
viejo old
viernes Friday
vino wine
violencia violence
violento violent
violín violin
visitar to visit
vista view
vocabulario vocabulary
volante steering wheel
volar to fly
vóleibol volleyball
volver to return
voto vote
voz voice

W

Y

y and
ya already
yarda yard
yerno son-in-law
yo I

Z

zanahoria carrot
zapatería shoe store
zapato shoe
zona postal zip code
zoológico zoo

Inglés—Español

A

a un, una
a little bit poco
a lot of muchos; mucho
a very little bit poquito
about acerca de
above por encima de
account cuenta
accountant contador
acre acre
acting actuación
action acción
action figure figura de acción
actress actriz
adapter adaptadora
address dirección
afternoon tarde
afterward después
again otra vez
against contra
agency agencia
AIDS SIDA
air conditioning aire acondicionado
airplane avión
airport aeropuerto
alarm alarma
all todo
allow dejar
almost casi
alone solo
along a lo largo de
already ya
also también
always siempre
and y
angel ángel
angry enojado
animal animal
anniversary aniversario
announcement anuncio
another otra
answer contestar
ant hormiga
antiques antigüedades
anxious ansioso
any cualquiera

anyone cualquier persona
anywhere cualquier parte
apartment apartamento
apple manzana
application aplicación
appointment cita
April abril
apron delantal
architect arquitecto
area code código de área
around alrededor de
arrange arreglar
arrive llegar
ashtray cenicero
asphalt asfalto
assistant asistente
astronaut astronauta
at en
athlete atleta
ATM cajero automático
attend asistir
attic desván
August agosto
aunt tía
available disponible
avenue avenida
avoid evitar
awhile rato

B

baby bebé
backpack mochila
backward al revés
bag bolsa
bakery panadería
bald calvo
ball bola, pelota
balloon globo
banana plátano
bank banco
bar cantina
barber shop peluquería
bargain ganga
baseball béisbol
basement sótano
basic básico
basketball baloncesto

bathrobe bata de baño
bathroom baño
bathroom sink lavabo
bathtub tina
battery batería; pila
bay bahía
be estar; ser
bear oso
beautiful bella
because porque
bed cama
bedroom dormitorio
bee abeja
beer cerveza
before antes
begin empezar
behind detrás de
bellboy botones
belt cinturón
bench banco
besides además
bet apostar
between entre
Bible Biblia
bicycle bicicleta
big grande
bill cuenta
billion billón
bird pájaro
birth nacimiento
birthday cumpleaños
bitter amargo
black negro
bladder vejiga
blanket cobija
bleach blanqueador
blender licuadora
block cuadra; obstruir
blond rubio
blouse blusa
blue azul
boat barco
book libro
bookcase repisa para libros
boot bota
border frontera
bored aburrido
boss jefe

both ambos
bottle botella
bottom fondo
bowling boliche
box caja
boxing boxeo
boyfriend novio
bracelet brazalete
brain cerebro
branch rama
brave valiente
bread pan
break quebrar
brick ladrillo
bridge puente
briefcase maletín
briefly brevemente
bright brillante
bring traer
broken descompuesto
brooch broche
broom escoba
broth caldo
brother hermano
brother-in-law cuñado
brown pardo
brush cepillo
bucket balde
buddy compañero
build construir
building edificio
bus autobús
bus stop parada de autobús
bush arbusto
but pero
butcher carnicero
butter mantequilla
Bye ¡Chao!

C

cabbage repollo
cabinet gabinete
cake torta
calendar calendario
camel camello
camera cámara
can lata
candy dulce
cap gorra

capitol capital
car carro
car lot lote de carros
card tarjeta; carta (de la baraja)
cardboard cartón
carpenter carpintero
carrot zanahoria
carry llevar
cartoon caricatura
cashier cajero
cat gato
catch coger; atrapar
Catholic católico
CD player tocadiscos
celebrate celebrar
cement cemento
cemetery cementerio
centimeter centímetro
Central America Centroamérica
certain cierto
chain cadena
chair silla
chalk tiza
champion campeón
change cambio; cambiar
chapter capítulo
charger cargador
chat conversar; platicar
check cheque; revisar
checkers juego de damas
cheese queso
chef cocinero
cherry cereza
chess ajedrez
chicken pollo
child niño
children niños
chimney chimenea
Christian cristiano
Christmas Navidad
church iglesia
cigarette cigarrillo
cinema cine
circus circo
clarinet clarinete
clean limpio
click cliquear
client cliente

climb subir
clinic clínica
clock reloj
close cerrar
closed cerrado
closet ropero
cloth tela
clothing ropa
cloud nube
clown payaso
coach entrenador
coast costa
cockroach cucaracha
coffee café
coffee pot cafetera
coin moneda
cold frío
comb peine
command mandato
communism comunismo
community comunidad
computer computadora
concert concierto
conditioner acondicionador
conference conferencia
congratulations felicitaciones
contract contrato
control controlar
conversation conversación
cook cocinar
cooked cocido
cookie galleta
cool fresco (temperatura)
copier copiadora
corn maíz
corner esquina
correct correcto
couch sofá
countryside campo
couple pareja
coupon cupón
court cancha; corte
cousin primo
cow vaca
coward cobarde
coworker compañero del trabajo
crab cangrejo
crazy loco

cream crema
credit card tarjeta de crédito
crime crimen
cross cruz; cruzar
cry llorar
Cuba Cuba
cup taza
curtain cortina
customs aduana
cut cortar
cute atractivo

D

daily diario
dance baile; bailar
dangerous peligroso
dark oscuro
dark-haired moreno
darling querido
dashboard tablero (auto)
date fecha
daughter hija
daughter-in-law nuera
dawn madrugada
day día
dead muerto
death muerte
debt deuda
deer venado
democracy democracia
dentist dentista
deodorant desodorante
description descripción
desert desierto
desk escritorio
dessert postre
detergent detergente
detour desviación
develop desarrollar
devil diablo
dialog diálogo
diamond diamante
dictionary diccionario
diet dieta
different diferente
difficult difícil
dining room comedor
dirt tierra
dirty sucio

discount descuento
discuss discutir
dish traste
dishonest deshonesto
distance distancia
diving bucear
do hacer
doctor médico
dog perro
doll muñeca
dollar dólar
door puerta
doorbell timbre
dot punto
doubt duda
down payment enganche
download descarga; descargar
downtown centro (zona de comercio)
downward abajo
draw dibujar
drawer cajón
dream sueño; soñar
dress vestido
dresser tocador
drill taladro
drink bebida; beber
driver's license licencia de chófer
drug droga
drum tambor
dry seco; secar
dryer secadora
duck pato
dumb tonto
during mientras
dusk anochecer
dust polvo

E

each cada
ear oído; oreja
earbuds audífonos
early temprano
earring arete
east este
easy fácil
easy chair sillón
effectively efectivamente
egg huevo
eight ocho

eighteen dieciocho
eighty ochenta
electric eléctrico
electricity electricidad
elegant elegante
elephant elefante
elevator elevador
eleven once
email correo electrónico
emergency emergencia
employee empleado
empty vacío
end fin
enemy enemigo
engaged comprometido
engine motor
engineer ingeniero
England Inglaterra
English inglés
enjoy oneself divertirse
enough bastante
entrance entrada
envelope sobre
equipment equipo
every day todos los días
everybody todo el mundo
everywhere por todas partes
example ejemplo
excellent excelente
exercise ejercicio
exit salida
expenses gastos
expensive caro
experience experiencia

F

factory fábrica
faith fe
faithful fiel
fall (estación) otoño; caer
family familia
famous famoso
fan ventilador
fantastic fantástico
far lejos
farm finca
farmer campesino
fast rápido
fat gordo

father padre
father-in-law suegro
fault culpa
favorite favorito
fear miedo
February febrero
fence cerca (muro)
few pocos
field campo
fifteen quince
fifty cincuenta
fight pleito
file archivo; archivar
finally por fin
find encontrar
finger dedo
finish terminar
firefighter bombero
fireworks fuegos artificiales
first primer; primero
fish pescado; pez; pescar
fisherman pescador
five cinco
five hundred quinientos
fix reparar
flag bandera
flavor sabor
float flotar
flood inundación
floor piso
flower flor
fly mosca; volar
fog neblina
following siguiente
food comida
foot pie
football fútbol americano
for para; por
For Rent Se alquila
For Sale Se vende
forecast pronóstico
forest bosque
forget olvidar
fork tenedor
form forma; formulario
forty cuarenta
forward adelante
four cuatro

fourteen catorce
France Francia
fresh fresco
Friday viernes
fried frito
friend amigo
friendly amistoso
from desde; de
frown ceño
frying pan sartén
full lleno
fun diversión
funny chistoso
furious furioso
furniture muebles
furniture store mueblería

G

gallon galón
game juego
gang pandilla
garage garaje
garden jardín
gardener jardinero
garlic ajo
gas station gasolinera
gate portón
gauge indicador
get dressed vestirse
get up levantarse
ghost fantasma
giraffe jirafa
girlfriend novia
give dar
glass vaso; vidrio
glasses lentes
global warming calentamiento global
glove guante
goat chivo
God Dios
gold oro
good bueno
goodbye adiós
government gobierno
gram gramo
grammar gramática
granddaughter nieta
grandfather abuelo
grandmother abuela

grandson nieto
grape uva
grapefruit toronja
grass hierba
gray gris
green verde
green bean judía verde
guess adivinar
guide guía
guitar guitarra
gum chicle
gymnasium gimnasio

H

hail granizo
hair pelo, cabello
haircut corte de pelo
half mitad
hallway pasillo
ham jamón
hamburger hamburguesa
hammer martillo
hand mano
handkerchief pañuelo
handsome guapo
hanger gancho
happen ocurrir
hard duro; difícil
harp arpa
hat sombrero
hate odiar
have tener
he él
headset (earbuds) audífonos
health salud
healthy sano
heart corazón
heat calor
heating calefacción
heaven cielo
helicopter helicóptero
hell infierno
hello hola
helmet casco
helper ayudante
her su (de ella)
here acá; aquí
hers suyo (de ella)
highway carretera

hill cerro
him él
hippopotamus hipopótamo
his su; suyo (de él)
Hispanic latino (EE.UU.)
hit pegar
holy santo
homework tarea
honest honesto
honey miel
hope esperanza
horn (auto) bocina
horse caballo
horseback riding montar a caballo
hose manguera
hospital hospital
hot caliente
hot dog perro caliente
hour hora
house casa
How? ¿Cómo?
How many? ¿Cuántos?
How much? ¿Cuánto?
however sin embargo
hug abrazo
hundred cien
hunger hambre
husband esposo

I

I yo
ice hielo
ice cream helado
if si
immediately inmediatamente
important importante
in en
in front of enfrente de
inch pulgada
income ingresos
incorrect incorrecto
inexpensive barato
information información
ink tinta
insect insecto
inside adentro de
instrument instrumento
intelligent inteligente
interesting interesante

intersection intersección
interview entrevista
introduction presentación
invoice factura
iron plancha; hierro
ironing board tabla de planchar
island isla

J

jacket chaqueta
jail cárcel
January enero
Japan Japón
jar frasco
jealous celoso
jeans bluyín
Jesus Christ Jesucristo
Jew judío
jewel joya
job trabajo
join juntar
joke chiste
judge juez
juice jugo
July julio
June junio
jungle selva
just apenas
justice justicia

K

key llave; tecla
keyboard teclado
kilometer kilómetro
king rey
kiss beso; besar
kitchen cocina
kite cometa (juguete)
knife cuchillo
knot nudo

L

ladder escalera
lady dama
lake lago
lamp lámpara
landslide corrimiento de tierras
language idioma
laptop computadora portátil

large grande
last último
last name apellido
last night anoche
late tarde
later más tarde; luego
laughter risa
laundromat lavandería
law ley
lawyer abogado
lazy perezoso
leaf hoja
learn aprender
leave salir; dejar
left izquierda
lemon limón
lemonade limonada
lend prestar
less menos
lesson lección
letter letra; carta
lettuce lechuga
library biblioteca
license licencia
license plate placa
lie mentira
lie down acostarse
life vida
light luz; claro
link enlace; enlazar
lion león
lipstick lápiz de labios
list lista
listen escuchar
liter litro
liver hígado
living room sala
lobster langosta
lock cerradura
long largo
look mirar
look for buscar
lose perder
lost perdido
loud ruidoso
love amor; amar
lovely hermosa
lover amante

lowercase letter letra minúscula
luck suerte
lung pulmón

M

magazine revista
magic magia
magnet imán
magnificent magnífico
maid criada
mail correo
majority mayoría
make hacer
makeup maquillaje
man hombre
management administración
manager gerente
manner manera
many muchos
map mapa
March marzo
marriage matrimonio
marvelous maravilloso
match fósforo
maximum máxima
May mayo
meal comida
mean cruel
meaning significado
meat carne
meat market carnicería
mechanic mecánico
medicine medicina
medium mediano
meeting junta
member miembro
memory memoria
message recado
meter metro
method método
microwave microonda
middle medio
midnight medianoche
mile milla
milk leche
milkshake batido de leche
million millón
millionaire millonario
mine mío

minority minoría
minute minuto
miracle milagro
mirror espejo
miss faltar
Miss señorita
modern moderno
moment momento
Monday lunes
money dinero
monkey mono
month mes
moon luna
mop trapeador
more más
morning mañana
mother madre
motorcycle motocicleta
mouse ratón
mouthwash enjuague
movie película
Mr. Sr.
Mrs. Sra.
mud lodo
museum museo
music música
musician músico
mustard mostaza
my mi, mis

N

nail clavo; (dedo) uña
nail clippers cortauñas
nail polish esmalte
name nombre
napkin servilleta
narrow estrecho
nation nación
nationality nacionalidad
nature naturaleza
near cerca
necessary necesario
necklace collar
needle aguja
neighborhood barrio
neither tampoco
nervous nervioso
net red
never nunca

new nuevo
news noticias
newspaper periódico
next próximo; siguiente
nice simpático
night noche
nightmare pesadilla
nightstand mesa de noche
nine nueve
nine hundred novecientos
nineteen diecinueve
ninety noventa
no one nadie
none ninguno
noon mediodía
North America Norteamérica
note nota
notebook cuaderno
nothing nada
notice noticia
November noviembre
nowadays ahora
nowhere por ningún lado
number número
nurse enfermero
nut nuez

O

obvious obvio
ocean océano
October octubre
of de
offer oferta
office oficina
oil aceite
old viejo
older mayor
on en
once una vez
one uno
onion cebolla
online conectado en linea
only sólo
open abierto; abrir
operation operación
opposite contrario
or o
orange (fruta) naranja; (color) anaranjado
order ordenar

organic orgánico
ounce onza
our nuestro, nuestros
outlet enchufe
outside afuera
outskirts afueras
over sobre
over there allá
overcoat abrigo
owner dueño

P

page página
pain dolor
paint pintura
painter pintor
painting pintura
pair par
pajamas pijama
pants pantalones
paper papel
parents padres
park parque; estacionar
parking estacionamiento
partner socio
party fiesta
pass pasar
passport pasaporte
password contraseña
past pasado
pay pagar
payment pago
pea guisante
peace paz
pearl perla
pen pluma (de escribir)
pencil lápiz
people gente
pepper pimienta; chile
perfectly perfectamente
perfume perfume
person persona
pharmacy farmacia
philosophy filosofía
photography fotografía
picture foto; pintura
pie pastel
pig puerco
pillow almohada

pin alfiler
pitch lanzar
pitcher cántaro
place lugar; sitio
plant planta; plantar
plastic plástico
plate plato
play (instrumento) tocar música; (juego) jugar
playground patio de recreo
pleasant agradable
please por favor
pliers alicates
plug enchufe; enchufar
plumber plomero
plumbing tubería
point punta
police policía
policy póliza
political party partido político
politics política
pollution contaminación
poor pobre
porch porche
pork cerdo
port puerto
possible posible
post office oficina de correos
pot olla
potato papa
pound libra
poverty pobreza
practice práctica
precious precioso
pregnant embarazada
president presidente
press oprimir
pretty bonito
price precio
priest cura
print imprimir
printer impresora
problem problema
product producto
professional profesional
program programa
programmer programador
projector proyector

promise promesa
pronunciation pronunciación
proud orgulloso
public público
pull jalar
punishment castigo
purple morado
purse bolsa; cartera
push empujar
put poner
puzzle rompecabezas

Q

quart cuarto
queen reina
question pregunta
quick rápido
quickly rápidamente
quiet silencio
quit renunciar

R

racket raqueta
rain lluvia
raincoat impermeable
rake rastrillo
ranch rancho
rat rata
raw crudo
razor navaja
read leer
ready listo
reason razón
receipt recibo
receive recibir
recipe receta
recreation recreo
recyclable reciclable
red rojo
red-headed pelirrojo
refreshment refresco
refrigerator refrigerador
relative pariente
relaxing relajante
religion religión
repair reparación
reservation reservación
respect respeto
rest descansar

restaurant restaurante
return volver; devolver
review repaso
rhinoceros rinoceronte
ribbon cinta
rice arroz
rich rico
ride montar
right derecha; correcto
right now ahorita
ring anillo
ripe maduro
river río
road camino
road sign señal
rock roca
romantic romántico
room habitación
roommate compañero del cuarto
rotten podrido
rough áspero
rubber goma
rug alfombra
run correr

S

sail navegar
saint santo
salad ensalada
sale venta
salesman vendedor
salt sal
salty salado
same mismo
same to you igualmente
sand arena
Saturday sábado
sauce salsa
sausage salchicha
save ahorrar; salvar
saw serrucho
saxophone saxófono
say decir
scarf bufanda
schedule horario
school escuela
scientist científico
scissors tijeras
scooter escúter

screen pantalla
screw tornillo
screwdriver destornillador
sea mar
season estación
second segundo
secretary secretario
seed semilla
seesaw sube y baja
sell vender
sentence frase
separated separado
September septiembre
seven siete
seven hundred setecientos
seventeen diecisiete
seventy setenta
several varios
sex sexo
shampoo champú
shaving cream crema de afeitar
she ella
sheep oveja
sheet sábana
shirt camisa
shoe zapato
shoe store zapatería
shop taller; ir de compras
shopping center centro comercial
short (altura) bajo; (longitud) corto
shorts calzoncillos
shovel pala
show mostrar
shower ducha
shrimp camarón
shy tímido
sickness enfermedad
side lado
sidewalk acera
signal light semáforo
silver plata
sincere sincero
sincerely sinceramente
sing cantar
singer cantante
single soltero
sister hermana
sister-in-law cuñada

sit down sentarse
six seis
sixteen dieciseis
sixty sesenta
size tamaño
skate patinar
skateboard patineta
skates patines
ski esquiar
skirt falda
skyscrapers rascacielos
sleep dormir
sleepy somnoliento
slippers pantuflas
sloppy descuidado
slow despacio
small chico
smile sonrisa
smoke humo; fumar
smooth suave
snake víbora
snow nieve
so tan
soap jabón
soccer fútbol
social security seguro social
socks calcetines
soft blando
soldier soldado
some algunos; unos
someone alguien
sometimes a veces
somewhere por algún lugar
son hijo
son-in-law yerno
soon pronto
soul alma
sound sonido
soup sopa
sour agrio
South America Sudamérica
spaceship nave espacial
Spain España
Spanish español
sparkplug bujía
speak hablar
special especial
spend gastar

spider araña
spoon cuchara
sport deporte
sports coat saco deportivo
sprain torcedura
spring primavera
square cuadrado
stadium estadio
stage escenario
stain mancha
stairs escaleras
stamp estampilla
station estación
steak bistec
steering wheel volante
step paso
stereo estéreo
stick palo
still aún; todavía
stone piedra
stool taburete, banquillo
stop parar
stop sign señal de parada
store tienda
stove estufa
strange extraño
strawberry fresa
street calle
strike huelga
strong fuerte
structure estructura
student estudiante
studious aplicado
study estudio
stuffed toy animal de peluche
stupid estúpido
subway metro
suddenly de repente
sugar azúcar
suit traje
suitcase maleta
summer verano
sun sol
Sunday domingo
sunglasses lentes del sol
sunset puesta del sol
supermarket supermercado
sure seguro

surgeon cirujano
surprised sorprendido
survive sobrevivir
sweater suéter
sweatsuit sudadera
sweet dulce
sweethearts novios
swim nadar
swimming pool piscina
swimsuit traje de baño
symbol símbolo

T

table mesa
tablecloth mantel
take tomar, llevar
take advantage aprovechar
take away quitar
tall alto
tank tanque
taste probar, saborear
tax impuesto
tea té
teacher maestro
team equipo
tear lágrima; romper
teaspoon cucharilla
telephone teléfono
telephone number número de teléfono
television televisión
temperature temperatura
ten diez
tennis tenis
terrific fantástico
test examen
text message mensaje de texto
thanks gracias
that eso; aquel; que
the el; los; la; las
the day before yesterday anteayer
their su (de ellos)
theirs suyo (de ellos)
theme tema
then entonces
there ahí
there is, there are hay
therefore por eso
thermometer termómetro
these estos; estas

they ellos; ellas
thief ladrón
thin flaco
thing cosa
think pensar
thirst sed
thirteen trece
thirty treinta
this esto; esta; este
those esos; aquellos
thousand mil
thread hilo
three tres
throat garganta
throw tirar
Thursday jueves
ticket boleto
tide marea
tie corbata
tiger tigre
time hora; vez; tiempo
tip propina
tire neumático
tired cansado
to a
to the al
toaster tostador
today hoy
together juntos
toilet excusado
tomorrow mañana
ton tonelada
tongue lengua
too también; demasiado
too much demasiado
tool herramienta
toothbrush cepillo de dientes
toothpaste pasta de dientes
tornado tornado
touch tocar
tourist turista
toward hacia
towel toalla
town pueblo
townhouse duplex
traffic tráfico
traffic light semáforo
train tren

training entrenamiento
translate traducir
trash basura
trash can bote de basura
travel viajar
travel agency agencia de viajes
treasure tesoro
tree árbol
trombone trombón
truck camión
truck driver camionero
trust confiar
truth verdad
try probar
T-shirt camiseta
Tuesday martes
turkey pavo
twelve doce
twenty veinte
twig palito
twin gemelo
two dos
type escribir a máquina

U

umbrella paraguas
uncle tío
underneath debajo
underwear ropa interior
United States Estados Unidos
university universidad
until hasta
upward arriba
user ID identificación del usuario
usually usualmente

V

vacation vacación
vacuum cleaner aspiradora
valley valle
vase florero
vegetarian vegetariano
very muy
very few poquitos
very pretty lindo
vest chaleco
video game videojuego
view vista
violence violencia

violin violín
visit visitar
vocabulary vocabulario
voice voz
volleyball vóleibol
vote voto

W

waiter mesero
waitress mesera
walk caminar
wallet cartera
war guerra
warehouse almacén
warm caluroso
wash lavar
washer lavadora
watch mirar; reloj de pulsera
water regar; agua
wave ola
we nosotros
weak débil
weapon arma
weather tiempo; clima
wedding boda
Wednesday miércoles
weed hierba mala
week semana
weigh pesar
welcome bienvenidos
well-mannered educado
What? ¿Qué?
When? ¿Cuándo?
Where? ¿Dónde?
Which? ¿Cuál?
white blanco
whiteboard pizarrón
Who? ¿Quién?
Why? ¿Por qué?
wide ancho
wife esposa

wild salvaje
window ventana
wine vino
winter invierno
wire alambre
wireless inalámbrico
wish desear
with con
with me conmigo
with you contigo
without sin
woman mujer
wood madera
word palabra
work trabajo
world mundo
wrench llave inglesa
write escribir
writer escritor
wrong equivocado

Y

yard (jardín) patio; (medida) yarda
year año
yell gritar
yellow amarillo
yes sí
yesterday ayer
yet todavía
yield ceder el paso
you (singular) tú; usted; (plural) ustedes
young jóven
younger menor
your tu, tus
yours tuyo, tuyos

Z

zebra cebra
zero cero
zip code zona postal
zoo zoológico